言葉を考える

——中学生の日本語探索——

石川直美

溪水社

序

「バベルの塔」と題するブリューゲルの絵がある。建設途中の巨塔が描かれている。この絵の主題については、「神々のいる天に至りつこうとする人間の傲慢さへの、神の怒りを示している」とも、「神は、人間の協同作業を不可能にするために言葉を奪った。その言葉の力を象徴している」とも言われている。どちらも主題を言い当てていると思われるが、いま、「言葉の力の象徴」と捉える立場をとると、言葉について深く考える契機とすることができよう。人間は言葉を取り上げられると、共同の労働ができなくなり、塔ばかりでなく社会を作ることもできなくなる。過去を振り返る歴史が書けなくなり、未来について夢見る想像力が萎縮する。

本書は、生徒とともに、言葉を考え、言葉について考える力を育てようとした実践の記録である。ここには、言葉について、とりわけ日本語の特質について考える学習指導のあり方を探求する実践が報告されている。それぞれの実践のねらいは、生徒自身に言葉（日本語）を探らせ、言語生活を見直させ、国語に対する認識を新たにさせるところにある。

「言葉を考える」単元の学習指導過程は、石川さんにおいては、およそ十五年間の試行的実践を経て定型化が進んでいる。それは、1学習課題の発見、2学習計画の立案、3調べ学習（資料の収集、分類、整理）、4表現（作文、口頭発表、テレビ・ラジオ番組作成、ディベート、など）、5評価(相互または個人による)、という過程になっている。ここに報告された実践はいずれもその典型であると言えよう。

二〇〇七年現在のこととして言えば、これからの単元学習の課題は、その質の深さ高さの追求にあり、ここには、そのための示唆に富む実践が集められている。学習課題を発見させるために、石川さんは日頃から「網を張って」

資料を集め、「ことば通信」を発行して言葉への関心と学習意欲を育てている。調べ学習では、「学習の手引き」を作って、個別にまたはグループ別に資料の収集の仕方や分類の仕方を学ばせている。表現にひらく終わり方は、その後にも言語感覚を磨き問題意識を持続させるオープンエンドである。

石川実践の特色は、教えこむのではなく気づかせ学びとらせる学習指導にある。この特色は、発見を誘う「学習の手引き」に明らかである。いま一つの特色は、課題を半年または一年間に亘って持続させ、追求させていることにある。帯単元を作ったり、理解学習との並行学習をおこなったりすることによって、言葉のおもしろさに気づかせ、「生きもの」であることに気づかせている。例えば、「課題研究『わたしの言葉の学習』」においては、追求するテーマが三度も進化し、「言葉の学習」から「文化の学習」へと深められている。

石川単元の今後の見通しとして、主題を「言葉と認識」および「言葉と思考」へと広げていくことが考えられる。「言葉と認識」については、〈五月雨〉と〈梅雨〉、〈風薫る〉と〈風光る〉などに使い分けられることによって、自然現象が細やかに捉えられていることに気づかせている。この試みは、やがて社会現象や自分の心をとらえる言葉にまで広げていく語彙指導として展開していくであろう。「言葉と思考」については、すでにスピーチの構成において「前置き、なぜなら、しかし、ところで、つまり」に着目させる試みがなされている。文章の論理的展開の方法に気づかせ、しなやかな思考力を育てる単元となるであろう。それだけの期待を抱かせる力量を、わたしは本書の実践に見いだしている。

神田川の畔にて　二〇〇七年三月二〇日

早稲田大学教育学部教授　浜本純逸

まえがき

一　国語の学習で目指したいもの

中学校に入学して間もない一年生の授業。窓の外を、中庭の八重桜の花びらが風に乗って流れていく。

「花吹雪ですね。きょうは、言葉のお花見をしましょう。」

何のことかといった顔の生徒たちに、

「『桜』のつく言葉といったら、どんなものを知っていますか。」

と聞いてみる。すぐに、

「桜餅。」「桜草。」「桜色。」

しかし、元気のいい答えも、このあたりで途切れてしまう。

「みんなの持っている辞書で、調べてみましょう。」

一時の静けさの後、

「あ、あった、こんなに出てる！」

「こんな言葉知らない。」

にぎやかな教室となる。つづいて、「桜」のつく言葉とその意味をノートに書いてくる宿題を出すと、一週間の期限の後、さまざまな言葉が集まる。お互いのノートを比べて、こんなにたくさんの言葉があるのかと驚く。さらに、桜をとおして言葉と日本人のつながりについて考える生徒、集めたたくさんの言葉の分類を試みる生徒、桜以外にもこのようにいくつもの言葉を生み出すものはないかと探す生徒、と学習がさまざまな方向に広がっていく。言葉に関心を持たせる授業の始まりである。

一年生の最初の授業で、「国語の授業でどんな力をつけたいか。」について書かせてみると、理解力、表現力に関わる記述が大半を占める。例えば、登場人物の心情を読み取る力、作者の言いたいことを読み取る力、自分の言いたいことが相手に伝わるように書ける力、などである。漢字を書く力をつけたいという答えも多い。そのような中で、数名の生徒が、日本語を正しく話せる力をつけたい、あるいは、言葉を増やしたいと答える。

理解力も表現力も、根底にあるのは言葉の力である。たくさんの言葉を知り、それを正しく使えることが、大切な国語の力であることに気づかせたい。また、新しい言葉と出会うことにより、今まで気がつかなかったことに目が留まるようになる。新しい世界が広がる。このことを実感する機会を、国語の授業でできるだけ作り出していきたいと考えている。

さらに、日本語そのものに関心をもつ態度を育てていきたい。日本語の響きの美しさ、日本人の生活や歴史と日本語のつながり、日本語の仕組みの面白さなどに気づくこと。そこから、日本語を大切にしようという態度が育っていくと考える。

二　「言葉について考える」学習

浜本純逸先生は、『国語科教育論』（一九九六年　溪水社）の中の「国語教育の課題と新しい一つの方向」に、次のような提言がなされている。

これからの国語教育の課題の一つとして、私は「言葉について考える」学習を正しく位置づける必要があると考えています。これまでの国語科教育において、私たちは、日本語を媒体としての理解力（読むこと・聞くこと）と表現力（書くこと・話すこと）の育成を目標としてきました。そのための補助として日本語の文法（言葉のきまり）についての学習を教育内容としてきました。私たちの日常使いなれている母語を日本語としての側面から多く取り扱ってきたわけであります。その日本語のうちに働いている言語としての本質・法則などについて考えることを学習の対象としたことはありませんでした。

ここでは、この言語としての本質や法則について考えることを国語教育の中に位置づけたいという私の考えを申し上げて、ご批判をあおぎたいと思います。（以下省略）（二一二三ページ）

前項で述べた国語の学習で目指したいことを達成するために、「言葉について考える」単元を組み立てていくことが必要であると考えている。生徒を取り巻く言葉そのものを学習対象として取り組む単元である。理解教材の中にも言葉に関するものはあるが、それを「読む」だけでなく、生徒が主体的に資料を集め、それを元に言葉（日本語）について考える機会を作りたい。

「言葉について考える学習」を単元学習として組み立てていくに当たり、実践の柱としてきたものは、次の三点である。

(1)　日常の言語生活の中に教材を求めること

生徒が普段の生活で耳にしたり目にしたりしている、新聞や雑誌、テレビ、広告などの言葉を学習材として活用していく。日本語の特徴を見つける、流行語を探る、敬語の現状を考える、といったとき、身の回りの言葉に注意を向けることが、学習の第一歩であると考える。

本書のⅠとⅡの実践は、その活動を出発点としている。例えば、Ⅱの三「日本語は今……日本語の現状を探る――中学二年生のとらえた日本語の現状――」は、広告などから気になる言葉を探しだして分類し、「日本語の今」を考えようというものである。この場合は、夏休みを資料収集の期間に当てたが、意味の分からない外来語、ら抜き言葉、略語、若者言葉など、多様なものが集まった。

このように、身の回りの言葉から資料を探すことは、言葉に対するアンテナ――これはおかしい、これは気になる――を敏感にすることになる。このことが、よりよい言葉の使い手を育てることにつながるような学習を目指したい。

(2) 情報整理・情報活用の学習と結びつけること

新聞や書物などから情報を集めると、次に必要になるのはその整理・分類である。情報をメモしたり貼ったりする台紙の大きさを同じにすることや、あとで利用しやすいコメントの書き方など、この学習が他の情報収集にも役立つように細かく指導していく。また、ただ情報を集めるのではなく、分類するという活動も行う。分類するためには、その情報を自分がどのように解釈するかが問われていく。

与えられたテーマに沿って情報を集め、それをもとに考える活動だけでなく、自分の設定したテーマについて情報を集めるという学習も行った。これが、本書Ⅰの三「課題研究『わたしの言葉の学習』」である。この学習は、テーマを設定することそのものにも重点を置いた単元である。中学生にとって、価値あるテーマを見つける力は、国語以外の学習においても必要となるはずである。これを、言葉の学習においても試みたものである。

集まった情報（資料）は、ほとんどの学習の場合、全員の分を閲覧できるようにした。ディベートや発表学習のときには、その中から目的にあったものを選ばせ、活用の仕方や提示の方法を考えさせるようにしている。

(3) 表現学習と結びつけること

学習のまとめとして、それぞれの単元に応じた表現活動を行うことにしている。

言葉について考える単元の出発点となったのは、本書Ⅰの一「言葉について考えよう――外来語・流行語・言葉の使い方を考える――」であるが、これは意見文の書き方を学習させる単元である。その意見文の題材に「言葉」を取り上げたのである。その後、言葉そのものを考える単元を組んだが、学習のまとめとしては、意見文にまとめていく形をとっていた。

しかし、ディベートで言葉の問題を取り上げたこと（本書Ⅱの二「若者言葉も正しい日本語である」）をきっかけに、発表活動と結びつけた学習を組み立てていく方法をとってみた。本書Ⅱの三「日本語は今……日本語の現状を探る」のグループ発表がこれにあたる。実践を重ねるにつれ、学習のまとめとして発表という方法をとることで、学習に深まりがみられることがわかってきた。例えば、自分の考えを、他者にわかりやすく伝えるという観点で再構成したり、説明する上でより多くの資料を集めようとしたりするなどの点である。

以上の三点を単元を考えるときの柱としているが、その他にも、単元の内容に応じて、文献での調べ学習を取り入れて自分の見方や考え方を広げる方法も試みている。

三　言葉を楽しむ学習

Ⅰは「言葉について考える」単元、Ⅱは「日本語について考える」単元の実践をまとめたが、Ⅲは言葉を交わす楽しさを味わう学習として、インタビューの学習指導をまとめた。もちろん、インタビューは「聞く」（あるいは「聴く」「訊く」）学習であるが、その根底にあるのは、相手と言葉を交わす楽しさを経験することであると考えている。話し手の言葉を敏感に受けとめながらやりとりをする過程で、話し手への理解を深め、ときに共感していく。これが言葉を交わすことの楽しさである。

また、Ⅳの「声に出して言葉を楽しむ」学習は、音読・朗読の帯単元であるが、これも言葉の学習につながると考えている。言葉を大切に読む姿勢を養うことにより、日本語の美しい響きに気づかせ、ひいては「国語を尊重する態度を育てる」ことを目指していきたい。

本書にまとめた実践は、勤務校の研究集録に発表したものを中心に、テーマ別にまとめたものである。そのため、学習指導要領や教科書教材については、当時のままにしてある。それぞれの実践と結びついたものであることを考え、そのままの形で載せていただくことにした。

また、実践のまとめかたも、発表したときのままであるため、項目の立て方などが異なっている。本書をまとめるに当たり、元の原稿に加筆・修正はしたものの、全体の構成を整えるところまではいかなかったことをあらかじめおことわり申し上げておきたい。

「言葉について考える」学習としては、いずれも課題の多い実践ではありますが、ご一読いただいてご批評いただけましたら幸いに存じます。

二〇〇七年四月

石川直美

目次

Ⅱ　日本語について考える

三　日本語は今……日本語の現状を探る――中学二年生のとらえた日本語の現状――

四　私の日本語発見――「言語事項」への取り組み（中学三年生）――

言葉を考える

Ⅰ　言葉について考える

一　言葉について考えよう
――外来語・流行語・言葉の使い方を考える（中学二年生）――

1　単元設定の理由と目的

ここでは、中学二年生を対象に、「言葉について考えよう」という表現単元を設定した。

中学二年生は、自分なりのものの見方・考え方が確立してくる時期である。しかし、それを文章に表そうとすると、考えの深まり、あるいは、考えの確かさという点で、指導が必要になる。自分の考えをわかりやすく伝えるという点でも、まだ十分とはいえない。

一方、年間を通しての表現指導を概観すると、現在使用している教科書（光村図書　平成五七年版　国語二）では、「表現1」～「表現3」の三つの表現単元が設けられている。これらの単元を、他の理解単元と同じように、ある時間まとめて扱うことも必要であろうが、それでは、実際の表現活動に入るまでの意識の高まりや、思考の深まりが望めない場合も出てくると思われる。

そこで、生徒の日常の学習の中から適切な課題を取り上げ、理解単元と並行させながら、一学期間をかけて一つの表現単元と取り組むことを試みたいと考えた。

次に、表現の題材であるが、「言葉」を取り上げたのは、次のような一年次の生徒の実態をふまえている。対象としている生徒が入学した最初の授業で、「国語の学習でどんな力をつけたいか」について書かせた。その結果は、読解力、文法力、漢字力をつけたいというものが大半であったが、数人の生徒が次のように書いていた。
・日本語の特徴を知り、人と話をしていて、変な言葉や言葉遣いにならぬようにしたい。
・たくさんの言葉の中から、一番そのときにふさわしい、そして美しい言葉で対話できるようになりたい。
・国語の一番の目標は正確な日本語を使えるようになることにあるのだから、そういうことを全体的に習っていきたい。
・私は、日本語は一応よくしゃべれるつもりなので、これからは、日本語の美しさやむずかしさを勉強していきたい。

これらの意見は、生徒の国語力に対する見方に新しい視点を与えるものと思われたので、授業の中で紹介した。これに続いて教科書（光村図書　昭和五七年版　国語二）の冒頭の単元「生きた言葉」の第一教材「心を伝える」（高田敏子）を扱ったが、そこでは、「言葉を伝えることは心を伝えることである。」ということを学習した。これが印象深かったのか、一学期の表現単元「みんなに知らせたいこと」、三学期の「心に残っていること」において、言葉の大切さについての体験を題材にした作文が多かった。

そこで、二年次において、言葉について見方や考え方をさらに深める機会を作ろうという意図で、「言葉について考えよう」という表現単元を設定した。

2　授業展開

(1)　学習指導計画

指導計画をたてるにあたり、次の点に留意した。

(1) 考えの幅を広げるため、新聞・雑誌などから資料を集める期間を充分にとる。〈取材〉
(2) お互いの意見を知ることによって自分の考えを深めることができるよう、話し合いの時間を設ける。〈話し合い〉
(3) 自分の意見・考えを確かなものにしてから書かせるために、主題を明確にすることに重点を置く。〈主題〉
(4) 教科書の理解単元と並行して扱うため、時間の配当や設定に無理が生じないようにする。〈時間配分〉

以上の四点をもとに、次のような指導計画をたてた。

単元名　言葉について考えよう

単元の目標
○「言葉」についての考えを深め、文章にまとめる。
・「言葉」についてのいろいろな意見を学ぶことができる。
・集めた資料をもとに、自分の意見を持つことができる。
・主題を明確にし、それをもとに文章を書くことができる。

学習指導計画（七時間扱い）

過程	時間	学習活動	指導の手だて
取材	1	○課題を確認する。 ○資料を集める。	・課題の内容と目標をつかませる。 ・新聞・雑誌などから、言葉に関する意見を三週間かけて集めさせ、カード（B6版）に貼らせる。 ・集めた資料を整理し、そこから学んだこと、みんなで話し合いたいことを、プリントに書かせる。

主　　題	3	○考えを深める。 ○材料を集める。 ○主題をまとめる。 （この三時間目について (4)主題で詳しく述べる）	・グループ（四～六人）に分かれ、意見を交換させる。 ・書こうと思う材料を集めさせる。 ・集めた材料をもとに、主題を考えさせる。 ・主題が明確になっているかを考え直させる。
構　成	1	○文章の組み立てを考える。	・主題をもとに材料を整理させる。 ・主題を明確に表すために、材料の並べ方を工夫させる。 ・重点を置いて書くところを考えさせる。
叙述・推敲	2	○表現を工夫して書く。 ○推敲する。	・自分の考えがはっきり伝わるよう、段落ごとのつながりを工夫させる。 ・主題が明確になっているか読み直させる。

四月一五日に課題の内容と目標を提示してから、六月三〇日に意見文の記述にとりかかるまで、二か月半をかけている。取材期間、資料提出からグループでの話し合いに至る期間、その話し合いから主題を決めるまでの三つの期間に、教科書での学習を進めた。扱ったのは、言葉に関する二つの理解単元で、言葉についての理解が教科書の教材からも深まるようにした。

次に、先の留意点の(1)取材、(2)話し合い、(3)主題のそれぞれについて、学習活動・授業展開の様子を記述する。

⑵　取材

四月一五日に課題を説明し、五月六日までの三週間を取材の期間とした。なお、経過を把握するため、二週間目に中間報告をさせた。資料は、一点ごとにカード（Ｂ６）を一枚与え、それに貼付したり、抜き書きさせるという方式をとった。この、カードを増やすという形式が励みになり、新聞・雑誌・本から意欲的に資料を探し、総数で八一〇余点が集まった。その中から、生徒の考えを深めるのに適していると思われる二一点を選び、「話合いのヒント」と題するプリントにした。この二一点は、次の五つに分類した。

1　流行語に関するもの（六点）

（例１）　昭和58年4月13日　朝日新聞　「ビデオテープ」

四月七日の教育テレビ「日本語再発見――嘘の研究」（川村二郎）を文章にした記事。「ウソ！」という言葉について、川村氏が次のように述べている。

若い人と話をしていて最初に「ウソ！」っていわれた時は一瞬ドキリとしましてね。何か理由もなしに踏み込まれたっていうような気がして。ほとんど意味のない感嘆詞のように使われているんだろうとは思うんですけれども、ただね「ウソ！」っていうと攻撃されてるようなね。……現代の言葉遣いが……何か相手に踏み込んでくるような、しかもストレートに入っていくような傾向があるんじゃないか。そういう風潮の一つの現れかなんてこと思いました。……

（例２）　週刊少年ジャンプ　昭和56年　第15号　「ハロージャンプガイ」

コラム欄に、次のように書かれている。

流行語はマグロの刺身みたいなものだ。ネタと包丁さばきで、見事な味を出す。でも、鮮度がおちると、食べられたもんじゃない。最近の漫才ブームのうみだした流行語もそろそろ鮮度が……。

2　外来語に関するもの（五点）

（例１）　昭和58年5月14日　読売新聞　朝刊　「相も変わらぬ外交語の乱用」（投書）

外国語の乱用の例を挙げ、次のような意見を述べている。

……言葉は歴史とともに変化するが、間違った方向に変化するのは大変困る。正しい分かりやすい日本語を使用することは、将来の日本のために重要であり、決しておろそかにできない問題である。外国語、外国文化を正しく理解し、活用するためにも、日本語、日本文化を正しく発展、継承しなければならないと思う。

（例2）　昭和58年4月17日　朝日新聞　朝刊　「横文字乱用に反対」（投書）

「マイタウン」という言葉や、駅ビルの「ウィル」「ナウ」といった名前などについて、日本語で表せるものを横文字にすることへの批判。

3　日本語や言葉遣いに関するもの（六点）

（例）　昭和58年4月14日　朝日新聞　朝刊　「『こそ』という言葉」（投書）

「こそ」という言葉は自分につけるものではなく、相手に使うものであるという意見を述べたもの。

4　語感に関するもの（三点）

（例1）　昭和58年4月19日　日本経済新聞　夕刊　「コーヒーでいいです」（「あすへの話題」阪田寛夫）（P.28資料参）

「コーヒーがいいです。」と「コーヒーでいいです。」の受けとめ方の違いについて書かれたもの。

（例2）　昭和58年5月4日　日本経済新聞　朝刊　「『ライス』とでは米の選び方から違う」（「男の家庭科　ごはん炊き㊦」）

「ごはん」と「めし」と「ライス」とは、米の選び方、とぎ方、たき方で変わってくるということを、ごはんは「よそう」、めしは「盛る」という言い方などともからめて書いたもの。

5　あいさつに関するもの（一点）

『気くばりのすすめ』（鈴木健二著　講談社）の中の「語源の分からない『どうも』」の項

(3) 話し合い

資料を提出させる際、「資料から学んだこと」「みんなで話し合いたいこと」の二点を書かせ、その後者の内容をもとに、いくつかのグループに分けた。グループ分けは教師が行った。これは、話し合いたい内容が多岐にわたり、生徒の手でグループを作るのは無理であると思われたからである。流行語や外来語、あいさつ、というように内容のはっきりしているものや、話し合いの対象としたい資料が同一であるものは、それぞれでグループを作り、その他は、それらのグループに加えたり、適宜ひとまとまりにするという方法をとった。一グループは五～七人になるようにした。

話し合いは、図書室を借りて行った。そのため、すぐに辞書や本を探しに動き回るグループも出た。「現在使っている流行語は、辞書に載っているか。意味は何と書いてあるか。」を調べようと言いだしたグループなどは、その一つである。しかし、話し合いに入るまで、あるいは話し合いの途中に、助言や指導を必要とするグループも多く、特に、共通の話題がないままひとまとまりにしたグループは、話題を見つけることに時間がかかってしまった。そのようなグループには、流行語などの身近な話しやすい話題を提供していったため、各クラスとも、流行語についてのグループが二つずつ出来ている。四クラスの各グループの話題は、次に示す通りである。

〈一組〉・流行語Ⅰ
・流行語Ⅱ（「ウソ」「ホント」について）
・あいさつ
・言葉の使い分け
・ニュアンス（資料「コーヒーでいいです」を中心に）
・外来語

〈二組〉・流行語Ⅰ
・流行語Ⅱ（「ウソ」について）
・外来語
・外来語と文字（外来語の創作当て漢字について）
・あいさつ
・言葉と心（資料「コーヒーでいいです」を中心に）

〈三組〉・流行語Ⅰ
・流行語Ⅱ（性格を表現する言葉について）
・横文字乱用
・言葉と責任
・あいづちの打ち方
・言葉の使い分け

〈四組〉・流行語Ⅰ
・流行語Ⅱ（家庭内と外との使い分けについて）
・外来語
・人の呼び方（「母親」について）
・人を傷つける言葉

同じような話題で話し合っても、当然のことながら、グループごとに展開は異なる。「流行語」を例に、どのような話し合いが行われたかをまとめてみる。

一組「流行語Ⅰ」のグループ

流行語での感情の表し方を話し合い、流行語の出現で、感情を表す言葉が豊かになったのか、逆に画一的になったのかを、「ムカック」などを例に話し合っていた。

二組「流行語Ⅰ」のグループ

よく用いられる流行語の本来の意味を辞書で調べ、もともとあった言葉が急にはやり出した場合と、新しい言葉が生まれた場合との、二種類があるという考えが出た。また、流行語を用いたために、意味が和らげられる場合と、反対にきつく感じられる場合があるなど、受けとる感じの違いにも話題が及んだ。

三組「流行語Ⅱ」のグループ

「クラい」に焦点をあてた。この言葉がはやる以前はどのような語で表現していたのかを考えていき、性格を表現する時、「クラい」という語を用いることによって与える印象、あるいは、気に入らない人すべてに「クラい」をあてはめてしまう現状について、反省をまじえた話し合いになっていった。

四組「流行語Ⅱ」のグループ

流行語のグループは二つあり、共に、使用する範囲について話し合っていたが、このⅡグループでは、家庭内ではどのくらい使用するかに注目していた。いくつかの言葉を例にあげ、家庭でも使っている人数を調べていた。しかし、六人という少人数での調査にとどまってしまい、クラス全体の調査に発展させるまでには至らなかった。

その他の話し合いについても、いくつか記しておく。

一組「外来語」のグループ

外来語としての意味と、外国語としての意味の違いを、グループ内にいた帰国生に聞きながら比べていた。

帰国生同士でも、意味の受け止め方が違っていたり、使ったことのない言葉が出てきたりして、話し合いはあまり深まらなかった。しかし、話題に出てきた「ナイーブ（naive）」という語について、二時間目の話し合いの時に帰国生の一人が資料を探してきた。『ＮＨＫ英語会話テキスト』のコラムで、「日本語の〝ナイーブな〟は『素朴な』とか『純真な』というような意味で、悪い意味ではありません。ところが、英語の“naive”は“unsophisticated”『世慣れていない』とか“showing a lack of information or judgment”『知識や判断の欠けていることを示す』という悪い意味なのです。」と書かれており、生徒の興味をひいていた。

二組「あいさつ」のグループ

日常のいろいろなあいさつを取り上げ、その語源を調べているうちに、外国語ではそれぞれどのように言うのかということが話題になった。何人かの帰国生に教えてもらっていたところ、「いただきます」「ごちそうさま」の二語が英語にはなく、代わりにお祈りをすることに気づいた。そこで、この二つの言葉の語源も考え合わせ、「日本人の心」ということに話が進んでいった。

話し合いは二時間行ったが、思うように話が展開しないグループもあり、時間不足かとも思われた。しかし、この話し合いの目的が結論を出すことではなく、お互いの意見を知ることにあるため、予定通りの時間で終わりにした。各グループへの指導としては、話し合いに十分くらいずつ加わり、助言を与えたり、資料を示したりしていった。例えば、二組の「外来語」のグループに加わった時は、『言語生活』（一九八二 №366 特集「外来語の世界」）を示したが、一人の生徒が関心を示し、借りていった。二時間目の話し合いの時は、その生徒の得た知識をもとに話題が広がっていったようである。このことから、生徒の手で話し合いをすすめていくには、先のプリントのほかに、多くの資料も用意しておく必要があると感じた。

(4) 主題

主題を考えさせる活動は、この後に続く材料の選択、構成の工夫とのかかわりの深いものである。したがって、主題を充分に練り上げておかないと、全体の学習活動が不安定なものになってしまう。特に、今回のように意見文を書かせる場合は、主題が不明確では、意見文としての価値は薄れてしまう。

また、この活動の位置づけについては、主題を先に考え、題材や材料を集める場合と、題材や材料が先にあり、それをもとに主題を考える場合の、二通りが考えられる。今回の場合は、その後者をとり、この学習の前時に、話し合いから得たことや考えたことを、「材料」としてプリント（P.14資料参）に記入させている。

ところで、生徒は、一年三学期の表現活動「心に残っていること」（光村図書　国語一）で、主題に関する学習をしている。この時は、「訴えたいことをはっきりさせる」「読み手にとっての価値を考える」の二点に重点をおいて主題文を書かせた。題材の段階から主題といえるまでに高めるには、この主題文を何回も書き直させる必要があり、大部分の生徒が二回、多い場合で四回の書き直しをした。この学習をふまえ、二年生の現在は、一年次より主題に対する意識は高まっていると思われる。そこで、主題について、先の二点に加え、「自分自身の問題としてとらえているか」にも重点をおくことにした。「言葉」についての問題を、単に知識や情報の収集に終わらせず、日常の言語生活を振り返る機会にしたいと考えているためである。

ここでは、主題についての学習の三時間のうち、三時間目の授業について記す。

本時の目標　○主題を明確にし、短い文で表すことができる。
・材料をもとに、主題をはっきりさせることができる。
・主題を自分自身の問題としてとらえているかどうか考え直すことができる。

主題・材料の記入例

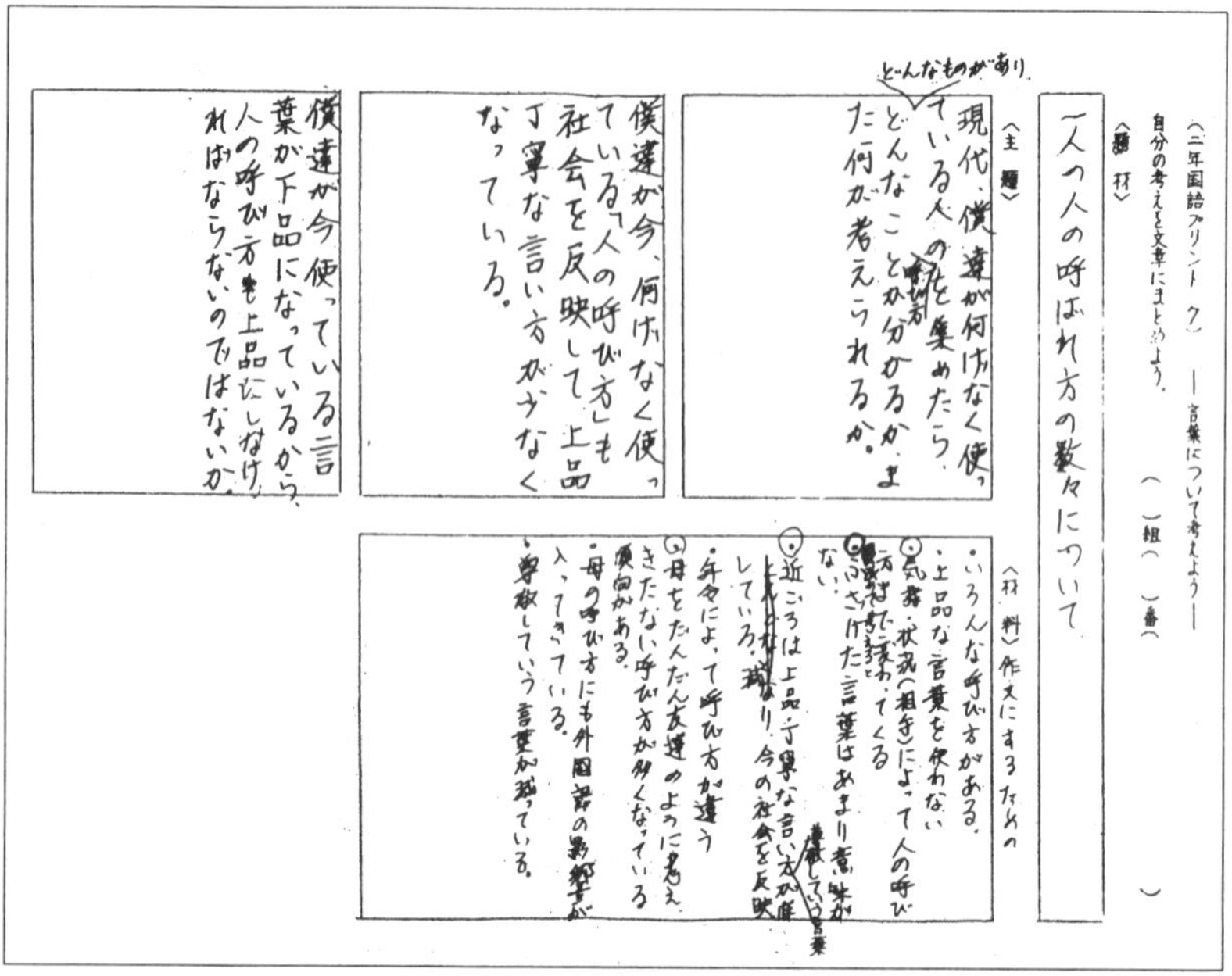
〈二年国語プリント（7）〉―言葉について考えよう―
自分の考えを文章にまとめよう。
（　）組（　）番（　）

〈題材〉
一人の人の呼ばれ方の数々について

〈主題〉
現代、僕達が何げなく使っている人の呼び方を集めたら、（どんなものがあり、）どんなことが分かるか、また何が考えられるか。

僕達が今、何げなく使っている「人の呼び方」も社会を反映して上品丁寧な言い方がすくなくなっている。

僕達が今使っている言葉が下品になっているから、人の呼び方も上品にしなければならないのではないか。

〈材料〉作文にするための
・いろんな呼び方がある。
・上品な言葉を使わない
◎気持・状況（相手）によって人の呼び方が変わってくる
◎ふざけた言葉はあまり意味がない（流行している言葉）
◎近ごろは上品丁寧な言い方が少なくなり、今の社会を反映している。
・年令によって呼び方が違う
◎母をだんだん友達のように考えてきたない呼び方が多くなっている傾向がある。
・母の呼び方にも外国語の影響が入ってきている。
・学校していう言葉が減っている。

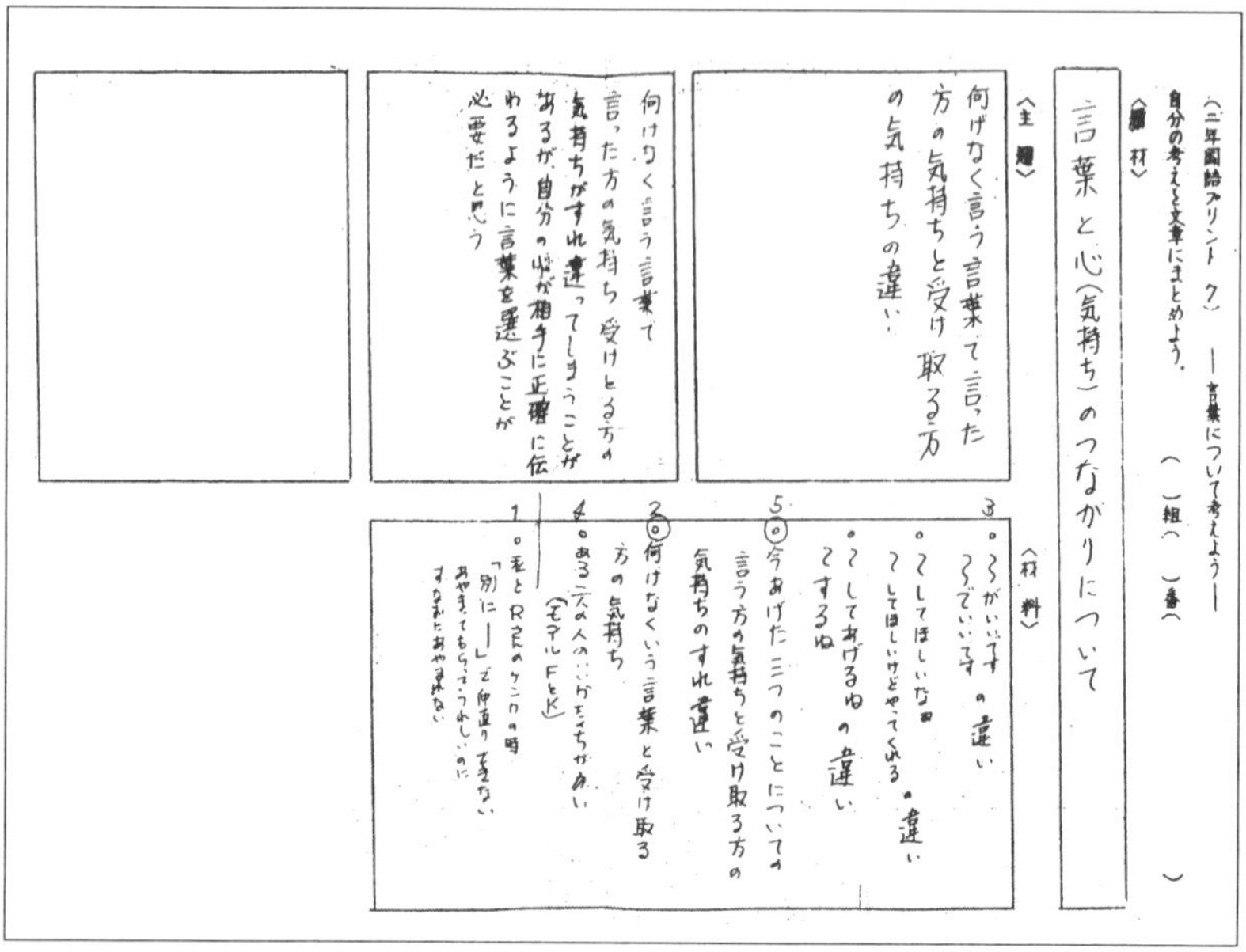
〈二年国語プリント（7）〉―言葉について考えよう―
自分の考えを文章にまとめよう。
（　）組（　）番（　）

〈題材〉
言葉と心（気持ち）のつながりについて

〈主題〉
何げなく言う言葉で言った方の気持ちと受け取る方の気持ちの違い

何げなく言う言葉で言った方の気持ち受けとる方の気持ちがすれ違ってしまうことがあるが、自分の心が相手に正確に伝わるように言葉を選ぶことが必要だと思う

〈材料〉
3 。〜がいいです　〜でいいです　の違い
。〜してほしいな。〜してほしいけどやってくれる。違い
。〜してあげるね　〜するね　の違い
5 ◎今あげた三つのことについての言う方の気持ちと受け取る方の気持ちのすれ違い
2 ◎何げなくいう言葉と受け取る方の気持ち
4 。ある二人の人のいいちがい（モデル FとK）
1 。私とR君のケンカの時「別に―」で仲直りできない、あやまってもらいたいのにすなおにあやまれない

学習活動	指導の手だて
1　材料を見直す。	・前時に書いた材料を見直させ、新たなものがあればつけ加えさせる。 ・中心にする材料を選ばせる。
2　主題を考える。	・材料をもとに主題を考え、短い文にまとめさせる。
3　主題を発表する。	・三〜四人に主題文を板書させ、主題がはっきりしているかどうか話し合う。 ・「読み手に訴える価値があるか」「自分自身の問題としてとらえているか」の二点から、主題を見直させる。 ・隣同士で批評させる。
4　主題を練り直す。	・批評をもとに主題を練り直させる。
5　主題が明確になったかを相互に評価する。	・二つの主題文を比べ、どのように明確化されたかを、相互に評価させる。

〈学習活動1　について〉

前時に、グループでの話し合いをもとにして題材を決め、前頁に示したプリントに材料を箇条書きで記入させてある。この材料については「思いつくだけ書きなさい。」という指示を与えてあり、選択は、主題を決めたあとに行うことになっている。

本時は、まず、列挙した材料の中から「これを中心にして作文を書いていこう。」というものに○をつけさせ、それをもとに再度材料を見直し、つけ加えることがあれば加えさせた。

〈学習活動２　について〉

主題を書かせる前に、一年次の学習「心に残っていること」を思い起こさせ、題材と主題の違いを復習した。その上で、まず「自分の言いたいこと」という点だけを押さえ、一文でプリントに記入させた。プリントには、主題の欄が三つが設けられているが、これは書き直しが予想されるためである。

〈学習活動３　について〉

ここでは、二年四組の授業記録を載せる。

四人の生徒に主題文を板書させ、それをもとに話し合いを進めていった。（以下、□は板書を示す。）

> ① 流行語をあまり使いすぎると、日本語の「よさ」が消えていってしまうのではないか。
> ② 現代、ぼくたちがなにげなく使っている「人の呼び方」を集めたら、どんなものがあり、どんなことがわかるか。また、何が考えられるか。
> ③ 外来語として日本で使われている意味と、本来の英語との意味の違い。
> ④ 「ウソ」は一つのあいづち。

T　①の題材は、流行語です。この①の文は主題になっていますか。

S_1　主題になっているけど、よくない。

T　どこがよくないのですか。

S_1　主題になっているから、それはいいんだけど、書いてある内容に反対です。

T　いま、内容に反対という意見が出ました。つまり、こういう意見に反対なのがS_1さんなのですね。これは、大事なことです。私の意見はこうですと、ある人が出す。それに対して、いいとか悪いとかの意見がまた出てくるところに、意見文の意味があるのです。

（ここで、一年次における「主題」の学習を振り返り、次の二点を確認した。）

> 主題――訴えたいこと
> 読む人に価値のあること

そういう目で、もう一度①を見てみましょう。読んだ人から意見が出るということは、自分たちも考えたい、意見があるということですから、読む人にとって価値のあることと言えます。それから、「反対」といったけれど、自分たちの問題として考えられるから、賛成・反対が出てくるのです。

> 自分たちの問題としてとらえられること

この三つをもとに、次の主題を見ていきましょう。②は、「人の呼び方について」です。主題になっていますか。

S_2　「何が考えられるか。」と疑問になっているから、何が一番言いたいのか、ちょっとはずれる。

S_3　それを考えて、それで考えたら、なにがわかるのかということがない。

T　「どんなものがあり、どんなことがわかるか。また、何が考えられるか。」ということは、何に当たりますか。

S_4　材料です。

T　そうですね。そういうものから、みんなに何を考えてほしいのか、何を訴えたいのか、という大事なところまで、あと一歩ですね。

では、次の③はどうですか。題材は「外来語について」です。主題になっていますか。

S5　なっていないと思う。

T　どういうところが、主題になっていないのですか。

S5　意味の違いについて、どういうふうに違うとか、そういうのが書いてないから。

S6　これでバッチリだと思う。自分で書きたいのは、外来語と英語の意味の違いということで、作文の中でそれを書いて、どういうことが違うかを書けばいい。

T　作文の課題は何でしたか。「言葉について考えよう」でしたね。そうすると、この人は違いを書いて、それで終わりなのでしょうか。（③を書いた生徒から、「ちょっと間違えた。」の声があがる。）読んで意見を述べるとしたら、違いだけ書いてあればいいですか。何かそこに自分の考えが書かれていないと、それについての意見は述べられません。③に書いてあることから、その人が考えたことがほしいですね。

さて、④は主題になっていますか。題材は『ウソ』という言葉について」です。

（「なっている。」の声が、何人かからあがる。）

S8　出た結果が書いてない。

T　「一つのあいづち」だからどうなのか、というところまでほしいですね。

それでは、いまの話し合いをもとに、みんな自分の書いた主題を見直しましょう。そして、二つ目のワクの中に書き直してみましょう。

〈学習活動4・5　について〉

先の②～④の主題を書いた生徒は、授業中に出された意見をもとに、次のように書き直しをした。なお、①は主題になっているということで、書き直しはなかった。

②　僕達が今、何げなく使っている「人の呼び方」も、社会を反映して、上品丁寧な言い方が少なくなっている。

③　外来語には、日本で使われている意味と本来の英語の意味が違うものが多い。そういう外来語は、日本語といってよいのではなかろうか。また、意味もわからず、見た目や、聴いた感じで使用するのはよくない。

④　「ウソ」はいい方によって相手を傷つける。

それぞれ、最初に書いたものより、訴えたいことが明確になっている。しかし、③は焦点をしぼりきれておらず、②④も主題としては十分とは言えない。他にも、この時間内に主題文を練り上げられなかった生徒が何人かおり、それらについては、次時に個別に指導をしていった。例えば、②はさらに次のように書き直している。

「僕達が今、使っている言葉が下品になっているから、人の呼び方も上品にしなければいけないのではないか。」

3　生徒作品

(1)　「外来語について」(男子生徒)

近頃、街に出てみると、周りに、やたらと横文字が目に付く。いや、そればかりでなく、思いおこしてみると、生活の中にもかなりたくさんの外来語が溶け込んでいることに気づく。テレビ・新聞等の広告が代表だ。家族に聞くと、ひと昔前までは、こんなにも乱用はされていなかったそうだ。言葉が、時の流れとともに変化していくのは、しかたがないことであるが、外国の言葉へと変化していくのは、考えものである。

ところで、この乱用されている外来語だが、よく見ると大きく二つの部類にわけられることに気づく。どうしても使わなくてはならない場合と、そうでない場合とだ。前者には名詞等が含まれ、後者には形容詞等が含まれる。くわしく説明してみよう。まず、名詞は、最初は日本になかったものが外国から伝わってきたのだから、その国の言葉しか当てはまるものがない。したがって、必然的に外来語を使うことになるわけである。「テレビ」「チョコレート」等を日本語になおせないことを思えば、解りやすいだろう。次に、形容詞だが、これには「クール」や「ハイ（high）」等が含まれる。こちらは、よく考えると「冷たい」「高い」という対応する日本語があるのに気づく。つまり、同じ意味の日本語と外国語が共存しているわけである。だから、使わなくてもよいわけだ。

では、なぜ、使わなくてもよいような語を私達は使っているのだろう。それは、おそらく外国に対するあこがれからくる、カッコよさにあると思う。今の人、特に若い人達には、とかく、アメリカ等にあこがれる傾向がある。確かに、「夏の大売出し」と言われるより「ビッグサマーセール」と言われた方が、新鮮な感じをうける。しかし、この新鮮さは、単なる好奇心に過ぎないのではなかろうか。よく、日本人は好奇心が強いということを聞く。それを利用して、店で外来語を使うと、みんな好奇心で寄ってきて、店はもうかる。また、流行を追うというところにも、理由があると思う。あこがれやカッコよさも、もとをただせば、こんなところに行きつくのではなかろうか。

こう考えてみると、外来語は、必然的に使われる場合を除き、一部の人達の利益に利用されているように思える。前にも述べたように、時の流れとともに変化して行くのは仕方がないが、こんな、くだらない理由で変化して行くのだったら、情けなく思える。言葉というのは、こんなに安っぽいものではないと思う。しかし、今のように好奇心や流行などのように表面的なものを追って無駄な外来語を使っていたら、日本語の美しさも失われ、無意味で軽薄な言葉に囲まれて暮らすということもおこりかねない。僕達には、母国の言葉を大切にする義務がある。時代の流れや、人の考え方は、一人では変えられない。個人一人一人が気をつけなければならないのだ。まず、その手はじめとして、僕が無駄なところで外来語を使わないようにしたい。

(2)　**「流行語について」**（女子生徒）

友達の間で使われている言葉の中で、時々意味がわからない言葉がでてくる。聞くと、「知らないの？　今、流行の言葉なのよ。」と言われる。でも、どういう意味かということに対しては、相手もわからないと答える。流行語だというだけで意味もなく使ってしまう、という友達や自分を不思議に思った。一体、なぜ、こんなふうに意味のわからない言葉を使うようになったのだろうか。

私達の中ではやっているといえば、「ウッソー」「～どえーす」のような言葉や、外国語と日本語を一緒にした言葉「ナウい」などだ。最初はかっこつけのために自分達で作った言葉のはずなのに、今では誰もがあたり前に使ってしまっている。しかも、それらを使うことによって人が外見で判断されることもある。「どえーす」などを使うことで本人や相手に〝可愛らしさ〟を思わせ、いわゆる〝言葉のファッション〟になっているのである。でも、今の大人達が見たり聞いたりすれば、はずかしいと思うにちがいない、と私は考える。

「バイナラ」「いいとも」などという言葉は、テレビ・ラジオなどから来た言葉である。私達はまわりの言葉に面白味がなくなってきて、少しでも変化があると、すぐ使いたがる。だから、テレビなどで作った言葉はあっという間に広まる。流行する。一方、私達は、大げさに言えば話の中心となり注目を浴びたいため、言葉を作る。目立ちたいという気持ちがあるからである。私にもそんな気持ちがないとは言いきれない。この頃では、短く略した言葉などもはやっている。「根暗」などがそうである。言いやすいという理由もあるが、やはり、かっこつけのためである。これらのほとんどは、本当の日本語というものを無視した使い方ではないだろうか。

〝言葉のファッション〟には、かっこよく見せるという利点もあるが、使うことによって、人間関係を気まずくさせる、という欠点もある。前に私がそういう言葉を使っていて、慣れすぎたせいか、家でも平気で使ってしまった。一週間ぐらいたったある日、母に、「お父さんが、その言葉は大嫌いだっておこっていたわよ。」と言われてしまった。それからしばらく、父に顔を合わすのがつらいぐらいショックだった。友達が平気で使っている言葉を真似しただけで、自分自身の印象も悪くなってしまったのである。そんなこともあって、それからはそういう言葉を平気で使うまいと思った。家にもちこむからバカなのだという人もあろうが、慣れてしまうということは恐ろしいことである。無意識に口から出てしまうのだから。また、そんな言葉を初対面の人などに使ってみれば、この人は不真面目な人だ、と思われるであろう。そして、その人に自分の印象も悪いまま残るだろう。私達の中で使われている言葉には大きな力があり、それによって人の外見を決めてしまう。だから、流行語だからとかなんとかで、平気で使うのはよくないと思う。

〝流行語〟を使うのは一向にかまわないと思うが、あまりひどすぎると考えなければならないだろう。何のために私達の日本語があるのだろうか、と。だからそうなる前に〝流行語〟を早く卒業すればいいのではないか、と思う。そして、昔からある純粋な正しい日本語を使えばいいのではないだろうか。私達の日本語が意味もない言葉に変わっていってはいけない。私達はもっと美しい言葉を使わなければいけないと思う。

「外来語」「流行語」は題材として取り上げたグループも多く、また、身近な問題としてとらえられることから、二学期にこの二編についての意見を書かせた。実施したのは二クラス（六九名）で、どちらか一編を選んで自分の意見を書くよう指示した。(1)についての意見を書いた生徒は三六名、(2)は三三名と、ほぼ半数ずつに分かれる結果となった。それぞれの意見の一部を紹介する。

(1)　「外来語について」を読んで

1　……私も、母国の言葉を大切にする義務があると思います。外来語について、みんなが一回でもきちんと考えたら、やはり、母国の言語を大切にしたいと思うのではないかと思います。みんなで考えれば、あまり外来語がふえないのではないかとも思います。「外来語について」を読んで、私もはじめてこんなふうに思い、よかったなと思います。

2　……筆者は、「母国の言葉を大切にする義務がある。」といっている。もちろん、母国の言葉は大切だけれど、だからといって外国語を使うなといわれても困ると思う。筆者は最後に「僕が、無駄なところで外来語を使わないようにしたい。」といっている。でも、私は、絶対使ってしまうだろうと思う。なるべく使わないようにしようぐらいでないとなあと思う。とにかく、外国語、外来語は適度に使えばそれでいいと思う。

3　……言葉は、形ではなくて、その人の心づかいだと思う。たとえ、外来語のまじった言葉でも、心づかいにより、きれいに聞こえるだろう。また、心づかいから、使われる外来語も限られるかもしれない。外ばかり見ていないで、まず、心づかいから気をつけたほうがよい。

(2)　「流行語について」を読んで

1　流行語は毎年たくさんでてきます。私は八年間アメリカに行ってたので、あまり流行語を使っていませんでした。……八年ぶりに会ったおばさんやおじさんと話していると、私の日本語はきれいだと言います。それは多分、ニューヨークで流行語のない日本語を使っていたからだと思います。……

2　……言葉とは、もともと自分の意志などを相手に伝えるためにあるのに、使う方さえ意味のわからない言葉を使って、本当に相手に伝わるのだろうか。また、相手もわかったようなふりをして話を続けるのは、いったいどういうことだろう。本当に不思議である。だが、私もこんなふうに人に言われるまでは、わかったような感じになっていたのである。

3　この人は最後の方に「流行語を早く卒業すれば……。」と書いているが、流行語というものは、流行がすぎていけば、すぐにでも忘れられてしまう言葉ではなかろうか。……流行語というのは流行している時はみんなの間でうけ入れられ、これがみんなに広まっていく。だが、時間がたったら、後で思い出そうとしても思い出せない。そんな軽い言葉ではないのだろうか。だから、自分で卒業しなければと深く考えるよりも、知らず知らずのうちに、流行語が頭の中から出ていってしまう。今の社会はこんな状態ではないだろうか。

4　……若い人達は毎年必ずいるのだから、これからも流行語はどんどん増えてゆくだろう。案外、流行語は、時代を表しているのかもしれない。僕もまだ中学生だから、流行語も嫌ではない。でも、純粋な日本語がよいのも分かる。……

5　……流行語を悪いと決めつけるのはどうだろうか。流行語というのは、カッコよく見せたり、ファッションだけのものではないと思う。一種の言葉の遊びだと思う。……ただ、必ず使い分けが必要だと思う。どんな場所でもいつでも同じ言葉を使うのではなく、言葉は考えて使うべきだ。……

6　……言葉というものは、流行語にかぎらず、使い方が一番難しいと思う。いくらけじめをつけようとしても、慣れてしまったらなかなか直らない。本当に美しく〝言葉のファッション〟をしようとするなら、言葉の大切さというものをよく考えなければいけないと思う。じゅうぶんに言葉というものをわかって使えば、流行語も楽しいと思う。ここは、筆者とちがう意見かもしれない。

筆者の意見に賛成というのも勿論あるが、「ほぼ同じ意見であるが、ここは違う。」というように述べている生徒や、批判的な意見を述べる生徒など、それぞれに「自分の見方」がはっきり出ているのが特徴的であった。

次の作文はP.28に掲げた資料（「コーヒーでいいです」）を中心に考えた生徒のものである。

(3)　**「言葉の使い方」**（女子生徒）

「おのみものは何がよろしいですか。」

「コーヒーがいいです。」

「コーヒーでいいです。」

この「コーヒーがいいです。」と「コーヒーでいいです。」を聞き比べて、わたしたちはどう感じるか。「コーヒーがいいです。」という答えは、気持ちがよく、答えた人の意志の強さを感じる。しかし、「コーヒーでいいです。」と答えられると、遠慮や、別の面で見るとずうずうしさが感じられ、どこかすっきりしないところがある。たった「が」と「で」

のちがいなのに、わたしたちはどこかちがった意味にとってしまうのである。

ところで、たとえばテストの時に「あと五分ですよ。」といわれたとする。そうすると、五分というものを本当に短い時間のように感じ、あせってしまうが、「まだ五分ありますよ。」といわれると、余裕やゆとりを感じる。この「まだ五分ありますよ。」のような相手を考えた言葉を使うことが大切なのだが、わたしはこの前、とんだしくじりをしてしまった。

友達が、うまくいかないことがあってがっかりしていた。その時、わたしが、なぐさめようと思って、

「まだ平気だよ。」

といった。ところがその後、友達に

「じゃあ、そのうち平気じゃなくなるのね。」

と言葉を返された。全く、わたしは気のきかない言葉を使ったものである。相手の心境も考えずに。「きっと平気だよ。」と言えばよかったのにと後からくやまれた。今でもはっきりと覚えているできごとである。

言葉はそのほとんどが相手に何かを伝える時に使われる。したがって、文章を書いたり、人と話したりする時に、「相手がどのようにとるか」ということを頭においた、『相手を考えた言葉』を使っていくことが大切である。

4　今後の課題

「言葉について考えよう」という表現単元を設定し、一学期間取り組んだが、原稿用紙に向かうまでの過程に時間をかけたといってもよいであろう。

その中でも、「取材」に充分な時間をとった。三週間の間に新聞・雑誌・書物など広い範囲から資料を集めさせながら、次第に「言葉」への関心を高めていくことができた。表現への意欲を高めるためには、この、準備とも言える段階に充分な時間をかけることが必要であるといえよう。

ところで、取材期間中は教科書での学習を進めていたが、その学習に関する資料も集まっていったことを記しておく。例えば、「短歌の世界」を扱っている時、正岡子規や与謝野晶子に関しての資料（「百年の日本人」読売新聞）が提出された。その他、学習している短歌についての新聞の切り抜きなどもあり、それらは授業の中で生かしていった。この取材期間が終わった後も、教科書の教材に関連した新聞の切り抜きを持ってくる生徒が何人かいる。このような姿勢は、今後も持ち続けるよう指導していきたいと思っている。

次に、「主題」にも時間をかけた。ここで行った二時間の話し合いは、集めた資料の中から自分の選ぶべき題材をはっきりさせることができたと同時に、考えを深める場にもなり、意見文を書く意欲につながっていった。主題をまとめさせる学習を振り返ってみると、一年次に比べ主題意識はかなりはっきりしてきていることがわかった。主題文を書かせる際、初めは題材や材料の段階にとどまっていた生徒も、少しの助言で主題へと高めることができたことに、それが表れている。生徒相互の批評の中で主題を練り上げていくことができたのも、この主題意識がはっきりしてきたためだと思われる。しかし、出来上がった作文を読むと、主題を生かして書くという点では不充分なものも見られる。主題を生かす構成・叙述については、また機会を改めて指導していくことが必要であろう。

また、教科書における理解単元との並行学習については、時間配分や単元の内容の関連などについての配慮が必要であると感じた。特に、表現単元が分断されてしまうため、意識・意欲を接続させるための工夫がなされなければならないであろう。

「言葉」について関心を持たせ、生徒自身の言語生活を見直す機会を与えたいと考えていたが、この表現活動を通してそれを試みることができた。この学習を基に、さらに考えを深め広げさせたいと思い、夏休みには「言葉について書かれた本を二冊読み比べ、レポートを書こう。」という課題を出した。

これからも、「言葉」について生徒と共に考えを深めていくと同時に、表現単元の扱い方について、さらに研究を続けていきたいと思っている。

資料

コーヒーでいいです

阪田寛夫

返事のしかたで印象にのこる二つの助詞がある。「で」と「が」である。——と、昨日届いた「硝子戸通信」（大和書房）という本に、詩人の工藤直子さんが書いておられる。

「コーヒーでいいです」

「コーヒーがいいです」

著者の言葉を要約すれば、コーヒーですか紅茶ですかと聞かれた際の、右側の答には「河原の枯すすき」風のかげりが見え、左の答には元気でいそいそした気分がある。

いま、御馳走になるのが女の人なら、十人中七人までは、枯すすき風に答えるのではないか。一方、御馳走をするのが男で、とりわけその人が年を取っていれば、十人中七人までは、その答に違和感を持つのではないか。私も「コーヒーでいい」と言われると、

「飲みたくもないけど、ここへ来た以上は仕方がないから、まあコーヒーでいい」

または、

「もっとほしいものはあるけど、悪いから、コーヒーでもいい」

という気持の、今風の表現だと受けとめがちだった。もっとも、昔の女の人だったら、一緒にコーヒーを飲むことを先ずしないし、たとえそんな場合でも、返答をしかねただろう。

舌切雀のお婆さんは、おみやげに重いつづらがいいですか、軽いつづらがいいですかと雀に聞かれた時に、

「軽いのでいいです」

とは答えなかった。

「重いのがいい」

と答えたばかりにひどい目にあったが、よく聞いてみると、今の女の人の「コーヒーでいいです」には、あのお婆さんの轍をふまいとする自己防衛の響がある。おごってもらう時にそれしか言いようがないから、と答えた人もいる。「特別扱いじゃなく、普通でいいんです」の意味だという説もある。つまり、答える方の立場では、精一杯の「丁寧語」のつもりなのだ。それも、自分でも最善の言葉とは思わず、仕方なく間に合わせているらしい。

そう言われると、ご心労をかけましてと挨拶したい気分で、こちらも「コーヒーでいいです」と言われたくらいでがっかりしたのは、恩恵を押売りし、感謝や手応えを期待する傲慢さが底にあるからではないかと反省させられた。

それにしても、コーヒーの香りは暖い。

コーヒーはいい。

（作家）

（昭和58年4月19日　日本経済新聞〈夕刊〉）

二　敬語について考えよう
――「言語事項」への取り組み（中学二年生）――

1　学習指導要領における「敬語」

現行の学習指導要領（昭和五二年版）において、敬語の指導は、［言語事項］の中で次のように記されている。

(1)カ　話し言葉と書き言葉、共通語と方言、音声と文字、表記の仕方などについて理解し、また、敬語の使い方を身につけること。

ここでのねらいは、『中学校指導書　国語編』（昭和五三年五月　文部省）に

「敬語の使い方」について、敬語表現は、文法・語句・文体などに幅広く関連している。今までの断片的な知識をまとめて体系的に理解させるようにするとともに、いろいろな場面に応じて、敬語を正しく適度に使うことができるように指導する。

とあるように、「体系的な理解」と「場面に応じて正しく適度に使うことができる」ことを目指している。

新学習指導要領（平成元年版）においては、敬語は第三学年の［言語事項］に配当され、次のように記されてる。

(1)オ　敬語についての理解を深め、その使い方を身に付けること。

これについては、『中学校指導書　国語編』（平成元年七月　文部省）に次のように説明されている。

敬語については、小学校との関連で第一学年や第二学年でも「表現」の話し方の指導事項と関連付けて指導されるものと思われる。第三学年でも「表現」のクと関連付け、重点的に、効果的に指導し定着を図るようにする。

敬語は、小学校で学習した内容や、日常生活で経験的・継続的に学習したことを合わせると、かなりの理解ができているはずである。それらの個別的な知識を整理して体系付け、敬語のきまりとして改めて理解し認識を深めさせる。

敬語表現は、文法、語彙、文体などに幅広く関連している。敬語の使い方としては、その適切な度合い、相手や場に応じた適切な使い分けなどの指導をする必要がある。

音声言語の指導の場合には、日常的な会話の機会を適宜とらえて、実践的に指導することが効果的である。

このことから、敬語について「知識を整理して体系付け、敬語のきまりとして改めて理解し認識を深め」ることと「適切な度合い、相手や場に応じた適切な使い分け」ができることを目指していることがわかる。これは、現行の学習指導要領の目指すところと同じである。ただし、学年の位置付けが明確にされたことにより、第一・第二学年での「表現」指導を受けて、第三学年で「重点的に、効果的に指導し定着をはかるよう」配慮することが示されている。

2　教科書における敬語の学習

現行教科書（昭和六三年度版）五社の中で、敬語を教材として取り上げているのは、次の四社である。

光村出版「国語　2」　「言葉の窓」　敬語
内容……敬語の種類　敬語を使う場合の注意
教育出版「新版　中学国語　2」　「言葉の研究室　2」　敬語
内容……敬語の種類　敬語使用の問題点
三省堂「新訂版　現代の国語　3」　「ことばのしおり　①」　敬語
内容……敬語の種類
学校図書「中学校　国語　3」　「言葉の広場」　場面と言葉
内容……敬語の種類　敬語のしくみ　誤りがちな敬語表現

いずれも、言語事項そのものを扱う教材である。内容も、一社を除き、敬語の種類の説明と、敬語の誤用や乱用についての問題点から構成されている点で共通している。しかし、敬語の体系的な理解に利用できる部分は多いものの、場面に応じて敬語を正しく適度に使う指導には、教材の補充が必要となる。生徒を取り巻く言語環境に関心を持たせるような問題提起があってもよいところだろう。

3　生徒の敬語に関する知識

先に掲げた文部省の『中学校指導書　国語編』に、「今までの断片的な知識をまとめて体系的に理解させるようにする。」とあるが、中学二年生を例にとった場合、どの程度の知識があるのかを、この実践に先立つ前年度の二年生で調べてみた。敬語の指導をする前に、「敬語について知っていることを書きなさい。」という指示で自由に記述させたものである。

その結果、敬語には尊敬語、謙譲語、丁寧語があるということを説明した生徒は、一四八人中一〇三人で、それ以外の生徒は、敬語の定義的なものや、どのような場面で使うかの説明、あるいは、敬語の具体例を挙げていた。また、尊敬語、謙譲語、丁寧語について説明した生徒一〇三人のうち、それぞれについて具体例を正しく挙げているものは、四一人であった。他の生徒は、具体例までは挙げていないか、挙げていても誤りが見られた。

4　単元設定の理由と目的

前項で示したように、小学校からの積み重ねで、敬語に関する知識はかなりの程度まで持っていることが分かる。したがって、この知識を体系的に理解させることには、あまり時間はかからないと予想される。しかし、その学習と「場面に応じて敬語を正しく適度に使う」こととは、直接に結びつくものではない。また、敬語の誤用や乱用の学習が、生徒の日常の言語生活にすぐ応用されるとも言いがたい。これも知識としての理解にとどまってしまう可能性が大きい。(日常の言語生活への応用については、国語科の授業だけでは限界があるのは事実であるが……。)

そこで、敬語の意義や必要性といった、根本となる部分への関心を持たせ、敬語を通して日本人の言語生活を見直させることで敬語への認識を深めさせたいという意図で、「敬語について考えよう」という単元を設定した。日本語において敬語の持つ意味、敬語を支えている日本人の言語生活を理解してこそ、敬語を正しく適度に使おうとするのであり、また、敬語に関する知識も生きてくるのではないかと考えたからである。そしてそれが、敬語を守り、さらに日本語を尊重する態度を育てることにもつながるよう意図している。

5　授業展開

(1)　学習指導計画

単　元　名　敬語について考えよう

単元の目標　敬語についての考えを深めることができる。
　(1)敬語について知識を整理することができる。
　(2)敬語を使う意義を再認識できる。

学習指導計画

過程	時間	学習活動	指導のねらい
導入	1	敬語講座1　敬語とは何かを考える	敬語学習への動機づけ
展開	2	①敬語講座2　敬語の知識を整理する ②敬語講座3　敬語の使い方を練習する	敬語を体系的に理解する
	2	③敬語講座4　放送における、敬称「さん」について考える	敬語について多様な考えを知る
		④課題1　敬語に関する意見を読む（夏休み） ⑤課題2　中学生を対象とした、敬語について考えさせる番組をつくる （敬語講座5）（夏休みから九月末まで）	敬語についての考えを深める
まとめ	1	敬語講座6　課題2の相互評価をする	

学習活動は、次の二つに分けた。

・敬語の体系的な理解を目指す部分――展開②まで

・敬語に関する考えを深めることを目指す部分――展開④以降

前者が、単元の目標の⑴にあたり、後者が⑵に当たる。そして、この二つの活動をつなぐものとして、展開③に示したように、新聞資料から「さん」付けの問題を取り上げ、敬語のきまりと使用の実際についての意見を読ませた。これにより、敬語に関していろいろな考え方があることを知らせ、それを学ぶことへの関心を持たせるようにした。

なお、学習活動には、それぞれ「敬語講座」という名をつけた。

⑵　**導入――敬語とは何かを考える――**

生徒が敬語に対してどのような考え方を持っているかを把握すると共に、敬語学習への動機づけをする活動である。「敬語とは何か」という問いに対して、全員に一言ずつ説明をさせた。「相手を敬う言葉」「目上の人に使う言葉」のような一般的なものから、「きれいな言葉遣い」「初対面の人に使う」「日本人に必要な言葉」、さらに、「古い人が使う」「お世辞、皮肉、嫌味にも使う」など、中学生の捉え方の一端を知ることができた。

⑶　**展開①②――敬語の知識を整理する――**

敬語を体系的に理解させる学習である。先の『中学校指導書　国語編』に書かれていた、「敬語は、小学校で学習した内容や、日常生活で経験的・継続的に学習したことを合わせると、かなりの理解ができているはずである。それらの個別的な知識を整理して体系付け、敬語のきまりとして改めて理解し認識を深めさせる。」にあたる。

敬語のきまりの学習については、教科書と『国語便覧』を使い、生徒自身に知識の整理をさせた。それをもとに、敬語の使い方の実際として、敬語の誤用の文例をいくつか用意し、正しい使い方を考えさせた。その際、実生活で出会いそうな場面の学習を中心にした。日常生活への応用を目指すと同時に、自分たちの周りで使われている敬語に関心を持たせるためである。例えば、

学校で――先生、記入の仕方を教えてくれませんか。

家で――　（訪ねてきた人に）お父さんは留守です。お母さんをお呼びしてきます。

（電話で）ええっ？　よく聞こえません。なんですか？

（電話で）ちょっと待ってください。

（電話で）父は不在ですので、あとでお電話いたしてください。

それぞれ、丁寧さの度合いにより、さまざまな言い方が考えられる。生徒が特に興味を示したのは、電話での応対であった。日頃の生活で思い当たることがあるためであろう。「ちょっと待ってください。」より「ちょっとお待ちください。」がよいという意見がほとんどの中で、「少々お待ちください。」のほうが更によいという意見が出て、注目を浴びた。また、「ええっ？　よく聞こえません。なんですか？」は、さまざまな言い方が出て、かえって、表現の仕方の難しさを感じたようであった。

(4)　展開③――敬称「さん」について考える――

敬語のきまりと実際の使用に関して、いろいろな考え方があることを知る学習である。

敬称「さん」の使い方に関する新聞記事を二種類読ませた。「敬語について考える」ことの最初の取り組みとも言え、また、次の課題1への導入にもなっている。

初めに示したのは、次の新聞資料である。

「敬語乱発　困ります」（鈴木喬雄　昭和61年12月7日　朝日新聞　「わたしの言い分」）（P.50資料参）

内容は、『桜井さんが中国から帰りましたので……』と同僚アナウンサーを視聴者に向かって『さん』付けで呼ぶのは、敬語の基本から言っておかしい。また、内部の人間の取材や報道について、アナウンサーが『ありがとうございました』とか『ごくろうさまでした』と言うのも必要ない。」というものである。

この記事について、賛成・反対とその理由を二百字程度で書かせたところ、約85％の生徒が反対意見を述べた。そのうちの二例を紹介する。（傍線は指導者がつけたもの。）

・僕は、鈴木さんの言い分ももっともだけれど、べつに「――さん」の言い方もいいと思った。ただでさえニュース（NHK）は堅いものだから、少しでもやわらかくして、視聴者が親しみを持てるようにする。その結果が「――さん」とつけるようになったのではないか。敬語の使い方は間違っているけれど、このままでいいと思う。
・同僚を「さん」で呼ぶのは、本当は呼び捨てにしないと敬語の形式に当てはまらなくなるけれど、べつに、いつまでも形式にこだわらないでもいいと思う。なぜならば、時がたつにつれて、常に言葉というものは変わっているからだ。

両者とも、敬語のきまりと実際の使用に対して、柔軟な考え方をしていることがわかる。言葉が変化していくという見方は、注目してよいものであろう。

この記事を読んで、次のように、きまりと実際の使用の違いに気づいた生徒もいる。

私も同感です。鈴木さんの意見は正しいと思います。でも私は、朝、ニュースで「さんづけ」の言葉を聞いていて変だと感じませんでした。それだけ「さんづけ」の言葉を聞き慣れてしまっているのかな、と思いました。「ありがとうございました」なども放送する必要はないと思います。

この新聞記事に続き、先の鈴木氏の意見に対する次のような反対意見の記事を提示した。

「身内へのさん付けは丁寧語」（柴田　武　昭和62年1月16日　朝日新聞　論壇）（P.51資料参）

投稿記事で、「問題のアナウンスで、もし、『桜井さんが』で敬意を表しているのならば、当然『お帰りになりました』と受けるべきなのに、『帰りました』』である。おそらく、言葉を丁寧にしようとして、さん付けにしたのであろう。『さん』は現代では尊敬語でもあり丁寧語でもある。」という内容である。

この二つの記事を読ませることにより、敬語についての考え方もさまざまであることに気づかせ、次の課題１へとつなげていった。

(5)　展開④——課題１　敬語に関する意見を読む——

敬語について書かれた複数の意見を読む学習である。

夏休みの課題として取り組ませた。あらかじめ、次の課題２「中学生を対象とした敬語について考えさせる番組をつくる（敬語講座５）」を知らせ、その準備として、テーマの発見や掘り下げのために、敬語について書かれた意見を複数読むこととした。展開③で、一つの敬語の使い方でも人によって考え方が異なることを学習したことの延長である。したがって、「複数」というのは、本の数を意味するのでなく、意見（人）の数を指す。本の中の一部を読むことでもよいとした。

読んだものは、次の事柄について一冊（あるいは一人）ごとにまとめさせた。

・書名　著者名　出版社名　新聞の場合は、その切り抜きと日付・新聞名

・　内容の簡単な紹介
・　収穫と感想

重点はこの中の「収穫」であることを伝えた。

結果としては、九二の書籍と、二種類の新聞記事が挙げられた。特に取り組みの多かった本を挙げる。

1　『敬語を使いこなす』野元菊雄　講談社現代新書　（28名）
2　『敬語』大石初太郎　ちくま文庫　（24名）
3　『敬語』南不二男　岩波新書　（24名）
4　『敬語は恐い』宇野義方　ごま書房　（13名）
5　『敬語をどのように考えるか』宇野義方　南雲堂　（10名）
6　『敬語　思いやりのコミュニケーション』坂詰力治　有斐閣新書　（8名）
7　『イラスト「敬語」読本』奥秋義信　高野功太郎　自由国民社　（6名）
8　『敬語に強くなる本』鈴木健二　大和書房　（6名）
9　『あなたの敬語　どこかおかしい！どこがおかしい？』有吉忠行　日本実業出版社　（6名）
10　「ことば」シリーズ1「敬語」文化庁　（5名）

1と2は、課題の説明の際に例として挙げたため、読んだ生徒が多かったと思われる。

読んだものからの「収穫」を書かせることによって、読んだことによる成果が、生徒自身にも指導者にも確かめられた。例をいくつか紹介する。（傍線は指導者がつけたもの。）

○『暮らしの中の日本語』池田弥三郎　毎日新聞社

この本を読んで感じたことは、池田さんも大石さんも同じ意見を述べていることです。池田さんは「相手に対する敬意が、形式的でなく、まず相手があって、そこから発してくることが大事であり、その気持ちさえあれば、多少の誤りや言いそこないは、許されるはずである。」と述べていて、大石さん(注)は、「気配りから、自然に出てくるような言葉遣い、声の使い方、態度、身振り、そういうものを育てたい。」「広い意味の敬語で包んで、豊かな行き届いた望ましい人間関係を築いていくようにしたい。」と論じていて、全部が同じであるといってもいいほど似ています。もう、敬語は、口先だけではなくて、自分自身の気配りから自然に出てくるすべてのものであると思います。

(注)『日本語シンポジウムⅣ　新しい敬語――美しい言葉――』大石初太郎ほか　小学館

敬語を使う心について学習したことが傍線部から分かる。この生徒は、次の課題2でも敬語の心遣いを扱っている。

○『敬語は恐い』宇野義方　ごま書房

まず読んでみて、敬語は予想以上に難しくて複雑だと思いました。今までは敬語には公式のようなものがあると考えていました。例えば、上の人に向かっては尊敬語を用いる、など。しかし、実際はその場によって微妙に使い方が異なっていくので、そうは型にはめられないのです。A君の伝言をB氏に伝えるなどとなっていくと、どんどん複雑になっていくのです。また、その場の雰囲気によっても、少しずつ使いわけなければならないのです。だから、目上に敬語を使うというのも本当に基本的なもので、大げさに言えばあまり当てにならないものだと思います。たとえこのような複雑な事柄を理解したとしても、実際にしっかり使えるとは限りません。さまざまな「時・場所・場合」によって、とっさに使えるとは限りません。本当に敬語は難しいと改めて感じさせてくれました。一学期に「さん付け」についての問題の記事をやりましたが、そのような問題が起こるのも今になって分かるような気がします。この本を読んで、少し今までと敬語というもののイメージが変わりました。本当に果てしなく奥深いものだと。

敬語の使い方として、尊敬語・謙譲語・丁寧語の区別を「知識」として持っていればよいと考えていた生徒が、その実際の使用のあり方について学習したことが分かる。本当の意味での敬語の難しさに気づいたといえよう。

○『敬語』南不二男　岩波新書
……この本の面白いところは、外国語の中で日本語にもっともよく似た敬語の体系を紹介しているところだと思います。今まで私は敬語は日本独得のものだと思っていたので、感心させられることが多かったです。

英語には日本語のような複雑な敬語表現がないことから、敬語は日本語独得のものと思い込んでいる生徒が多い。このように世界の言語の中での日本語という見方を学んだ生徒は、他にも見られた。

○『もう間違わない！敬語の本』福田　健　KKロングセラーズ
敬語の使い方の良い例と悪い例が、それぞれの説明の後に書かれているので、親しみやすく接することが出来た。（中略）敬語は相手と状況による使い分けが大切だということがわかった。特に面白かったのは、敬語は使いすぎると逆効果になってしまうということだ。尊敬語にまた尊敬の形式をつけた言い方――例　お召し上がりになる――は丁寧なのではなくくどい感じがする。同じように丁寧語を重ねる言い方も、聞いてみるとおかしい感じがする。
この敬語の本を読んでからというもの、テレビのインタビューでも人の話し方（敬語の使い方など）に気をつけるくせがついてしまった。特に、この間あるインタビューで答えていた人が「医者が私のレポートを拝見してくださった……。」と言ってすぐ「見てくださった……。」と言い直したのをテレビで見て、とてもおかしかった。「拝見」というのは謙譲語だということを勉強したし、自分が見る場合にへり下っていう言葉だということもすでに知っていたので、とくに耳についた。

敬語の書物の中には、敬語の誤用を扱ったものも多く、それに興味をひかれる生徒も多かったようである。身近なところで気づかずに間違えて使っているのが取り上げられているためであろう。次の課題2でも、敬語の誤用を題材にした生徒が多かった。

○『敬語を使いこなす』野元菊雄　講談社現代新書

私は、この本を読んで得たことが五つあります。まず一つめは「敬語は日本語から消えないだろう。」という野元さんの意見です。NHKなどで行う、言葉についての専門家の話し合いを聞くと、「敬語はだんだん消え去っていく。それは若い人たちが敬語を使う場が減っているからだ。」という意見があります。大勢の人がそう思っているかどうかはわからないけれど、「敬語はなくなってしまうだろう。」という意見が多くある中で、この野元さんの意見は心に残りました。二つめは、「敬語は絶えず変化している。」ということです。この意見には私も納得のいくものがあります。私から見ても、戦前に使われていた敬語と今の敬語では、丁寧さなどが違ってきているのではないかと思います。三つめは、敬語の使い分けがだんだん細かくなるということです。（略）

〈感想〉

今回この本を読んで、今まで狭かった敬語の世界が広くなったような気がします。特にこの本を読んで考えさせられたことは、敬語の寿命です。私自身の考えとしては「敬語」というちゃんとした一種の言葉として扱われていくのは薄れるかもしれませんが、日常生活のなかで使われる丁寧な言葉というのが、敬語の代わりとなっていくと思います。まさに、敬語は絶えず変化していくということそのものだと思います。これをきっかけに今度からいろいろな視点で敬語について考えたいと思います。

傍線部から、この生徒は、敬語の変化という考え方を学んだことが伺える。

このように、生徒は、自分で選んだ本の中から、敬語について新しい視点や考え方を学んでいった。しかし、これは、いわば個人の収穫である。これをみんなに伝えるのが、次の課題2である。

(6) 展開⑤――課題2　敬語について考えさせる番組をつくる――

中学生を対象として、敬語について考えさせるテレビやラジオの番組をつくるという課題である。

課題1での収穫を同じ中学生に伝えることにより、自分が得たものを更に確かなものにさせようという目的で行った。テレビやラジオの番組という形式をとったのは、自分の収穫を「友だちに伝える」という意識がはっきりすると考えたからである。敬語について、視聴者に何を考えさせたいのかということ、つまり、番組のテーマを明確にさせるため、題を「敬語　その○○を考える」という形に統一し、そのテーマを設定した理由も書かせた。また、「考える」番組であり、敬語の種類を「教え」たりする番組にならないよう注意した。番組の形式は、講義、対談、座談会など自由。課題への取り組み期間は、夏休みから九月末までの二か月半とした。

できあがった番組は、本からの収穫を登場人物に語らせる形で構成され、それぞれに工夫が凝らされていた。

生徒が取り上げた題材は次のとおりであった。

・敬語の時と場合による使い分け（35名）
・敬語の必要性・意義（29名）
・敬語の誤用・乱れ（24名）
・これからの敬語（16名）
・敬語使用の現状（9名）
・敬語の変化（4名）

・「お」「ご」の使い方（3名）
・日本語と外国語の敬語の比較（2名）
・電話での応対の仕方（1名　以下同じ）
・敬語と心　・「さん」付け　・方言の中の敬語
・敬語と主語の関係　・敬語使用の条件　・敬語を使う心理
・敬語の範囲　・敬語のあり方　・敬語の役割

敬語の時と場合による使い分けや誤用を扱った生徒が多かったのは、課題1で読んだ本の多くがそれに関するものであったことと、番組が作りやすいということからであろうと思われる。また、敬語の必要性を題材にした生徒はもちろんであるが、それ以外のことを題材にした生徒も、その多くが、敬語の大切さや必要性に触れていた。さらに、番組のせりふの中で、敬語と「心」の問題について触れているものがいくつか見られたのが印象的であった。例えば、「敬語は自分の心を言葉にしたものである。」「敬語は心を表す言葉である。」「正しい敬語の使い方をしても、心がこもっていなければいけない。」「敬語は自分の気持ちがこめられて初めて意味のあるものになる。」などである。知識としての敬語でなく、人間関係を大切にする上での敬語のありかたを本から学び、それを伝えようとしている、あるいは、それを伝えなければならないと考えていることがわかる。

ここでは、敬語の必要性と正しい使い方を扱った作品一編を紹介する。

「敬語　その美しさを考える」（男子生徒）

○テーマ設定の理由

敬語というものはとても興味深いもので、ちょっとした言葉の誤りや、少しの使い間違いなどで、全然自分の言いたいことと違った意味になってしまいます。敬語を正しく使いこなしてこそ、敬語というものは美しくなるのです。そこで僕は、「敬語　その正しい使い方」つまり「敬語の美しさ」についてというテーマを設定しました。

○形式　座談会

出席者　富士（男）司会　塩見（女）

白根（男）　白馬（女）

赤石（男）

司会　今日は「敬語　その正しい使い方を考える」ということをテーマに、日常私たちが使っている日本語を改めて考えてみたいと思います。

話し合いに入る前に、ご出席の皆さんに自己紹介をお願いしたいと思います。隣に座っていらっしゃる白根さんからお願いいいたします。

白根　白根です。よろしくー。

赤石　今回の座談会を楽しみにしてまいりました。赤石です。よろしくお願いいいたします。

塩見　近ごろの女の子は言葉遣いが悪いとよく言われますが、反省したいと思っております。美しい日本語を使いこなせるようになりたいと思います。塩見でございます。

白馬　白馬でございます。毎日何気なく使っている言葉ですが、今日の座談会を機会に、自分が使っている敬語――日本語をしっかり見なおしたいと思っております。よろしくお願いいたします。

司会　どうもありがとうございました。

それでは、これから、今日のテーマ「敬語　その正しい使い方」について話し合っていただきたいと思います。その前に、ズバリ、敬語は必要か必要でないかということについて、どうぞ。

赤石　敬語というものは、相手の気分をとってもよくすることが出来るのです。言葉だけでそんなことが出来るなんて、すばらしいではありませんか。やはり、敬語はなくてはならないものだと、私は思います。

白根　しかしですねえ、赤石さん、少しの間違いで、とんでもない気持ちにしてしまう場合もあるんですよ。やはり、私は、敬語というものはそれほど必要のないものだと思います。

司会　最初から対立して面白くなってきましたねえ。女性の方の意見をお聞きしましょう。

塩見　敬語というものは良いとは思いますけれども、やはり「敬語などなければよいのに。」と思うこともありました。

白馬　敬語は難しいから嫌いだとか、敬語は少し間違えると反感をかうから嫌いだというような意見がありますけれども、その人たちが日常生活の中で敬語を自由に話せるようになったとき、敬語というものの大切さを知るでしょう。

もちろん、敬語を自由に話せるようになることは難しいことで、少し時間がかかると思いますが。
赤石　そうなのです。敬語というものは、人と人とのつながり、つまり人と人との付き合いの間から生まれてきたものだと思います。そして、さわやかな敬語を使いこなすということは、とても美しいことだと思うのです。
白根　うーん、そうですね。私が敬語を嫌っていた理由は、私が私自身に敬語を使えるという自信がなかったからなのかもしれませんね。
塩見　何年か前、キャラメルのコマーシャルで、間違いを見つけました。「○○キャラメルは、文化人にお受けしている……。」っていうんですよ。「オ……イタシマス」は、主として自分ないし自分の側の行為を低めて表現するのに使われるものですから、キャラメルとかの状態を言うのはそぐわないと思います。相手に対して丁寧な言い方をしようとする態度から、つい、こういう無理不自然な表現にまで走るんだと思います。
白馬　クイズ番組で誤ちを見つけたことならありますよ。「お当て願いました問題は……。」と言っていたんです。「お……願う」というのは、この頃放送で好まれる敬意表現です。「お引き取り願いましょう。」という具合に使うならいいのですが、あのように使うなんておかしいですね。
赤石　私もテレビの司会者の口からでた間違いを見つけました。「皆さん、ご注意していただきたいと思います。」という言葉です。あれは絶対におかしいと思いますね。「注意していただきたい。」「ご注意いただきたい。」がまともな言い方だと思います。
白根　私は「オ」の付けすぎがこのごろありすぎると思いますね。
塩見　そうそう。美容院で「オセットデスカ。オカットモナサイマスカ。」などと聞いてくるんですよ。変だなと思って「オ」に反発するように「カットハイイノ。」と言っても「ハイ、オカットハヨロシインデスネ。」と答えるんですよ。「オカット」「オセット」も、外来語に付けているんです。女性客相手の商売用語でしょう。
白馬　そうですね。私も「オ」の付けすぎが気になったことがありましたね。
赤石　この前、バスガイドさんの「向こうの山のふもとに白く光って見えます川が○○川です。」という言葉が、変な感じがしました。「川」という体言にかかる連体修飾語「白く光って見えます。」の中の「ます」は、取り除いてさしつかえがないですね。その先に「○○川です」のような敬語があるので、全体として決してぞんざいな表現にはならないと思います。

白根　文中の「デス」「マス」には気をつけたいものですね。

白馬　はい。「もう残りはありませんです。」や「よくわかりましたです。」などもぎこちないですよね。「デス」のない方がすっきりすると思います。「デス」は過剰ですね。

塩見　しかし、「○○さんがまいりますでしょう。」「暗くて見えませんでしょう。」「もう用事はすみましたでしょう。」などになると、高度の丁重表現としてまともだと思います。過剰とは必ずしも言えませんね。

白根　「誰も残っていませんでした。」は文句のない普通の丁重表現だと思います。だから、今までのことをまとめるとこうなるんだと思います。

マス・マセン・マシタ　＋　デショウ	成立
マス・マセン・マシタ　＋　デス	やや不自然
マス・マシタ　＋　デシタ	不成立
マセン　＋　デシタ	成立

赤石　文中の「マス」「デス」もそうですけれど、「サン」についてもなかなか興味深いものがあると思いますよ。この前、電車がなかなか動きださないと思ったら、「ただ今、車掌さんが忘れ物を探しております。しばらくお待ちください。」というアナウンスがありました。身内の者のことを客に向かって「サン」づけで言うのはおかしいと思いますよ。「車掌が……。」が適当ではないでしょうか。相手側と身内とのけじめがついてないと思います。

白根　何年か前、学校へ電話をかけたら、「校長先生はお出かけです。」ということでした。部内者のことを外の人に向かって言うときは、敬語抜きで言うべきだと一般に言われますが、場合によってはそれの通しにくいことがあるんです。「校長は出かけております。」でよさそうだけれども、助手が教授を呼び捨てにするのは気になります。

赤石　そうでしょうねえ。

司会　「サン」づけというのは、とても多くの問題を抱える敬語のうちの一つといってもいいでしょう。なるべく正しく、出来るだけ相手に印象よく伝えることが、やはり大切なことだと思われます。

さて、身近なところにある敬語の使い方の正しくないところ、問題点などを出し合うのも、このへんで終わらせていただきます。私たちもこれらに気をつけて敬語を正しく使っていきたいものですね。敬語を正しく使いこなしてこそ、敬語というものは美しくなるのです。それでは、これから皆さんに、今日の番組についてまとめていただきたいと思います。白根さんからどうぞ。

白根　今日の番組の最初の方で赤石さんも言われたように、敬語は人と人の付き合いの中から生まれてきたものだと思います。そして、やはり、さわやかな敬語を使いこなすということは、とても美しいことだと思いました。ご承知のとおり、私はこの番組の初めの頃は、「敬語など必要ない」という立場でありましたが、途中で意見が変わりました。本当にこの座談会は、私にとってとても大切なものでした。

赤石　美しい言葉とは、その言葉が使われる状況や人間関係にぴったりと合っていて、誰が聞いても快く感じられるような言葉だと思いました。どうもありがとうございました。

塩見　相手の人格を尊重する立場から、ごく自然に口から出るような、気持ちの良い言葉を使いこなせるようになりたいと思います。そして、その場その場の状況にあった最も快い最も美しい日本の言葉を使えるようになりたいと思います。

白馬　敬語だけではなく、美しい日本語を話せる人になりたいと思いました。敬語というものは多少変わると思いますが、消滅することはあり得ないでしょう。どこの国の人も、自分の国の言葉を大切にしたいと思っているに違いありません。しかし、今の日本人は、本当に日本語を大切にしているでしょうか。私たちの国の言葉——日本語を大切に大切にしていきたいものです。どうもありがとうございました。

司会　これをもちまして、この番組を終わらせていただきます。出席者は白根さん、赤石さん、塩見さん、白馬さん、

そして司会は富士でした。どうもありがとうございました。それではこのへんでさようなら。（終）

○この番組を書き終えて

いろいろな意見がたくさんあったので、それらを出演者のせりふとして書いていき、対立させたりしました。出演者の言っていることは、だいたい僕の言いたかったことです。この番組を書いていて、敬語についていろいろ考えさせられました。（中略）どんな人間関係なのか、どんな状況なのかをよく考えて、その場に最もふさわしい、誰が聞いても気持ちがよくなるような言葉を使いこなしてこそ、正しい敬語といえるのではないでしょうか。相手の人格を尊重する立場から、ごく自然に口から出るような、気持ちの良い言葉を使いこなせるようになりたいと思います。

〈参考文献〉

『敬語を使いこなす』　野元菊雄　講談社現代新書

『敬語』　大石初太郎　筑摩書房

(7)　まとめ――相互評価――

課題2で作成した番組を互いに読ませ、百字前後で評価を書かせた。一時間で一人四、五編を読むことができた。新しい考え方を学んだり、番組のアイディアに感心したりと、互いに得るところが多かった。

6　考察と今後の課題

敬語について、単に知識の整理や正しい使い方の学習に終わらせず、敬語のあり方や意義について考えを深めさせることができたと思われる。とくに、課題1の、敬語に関する意見（本）を読むことへの取り組みが、生徒に多くのものを与えたのではないだろうか。いろいろな人の考えを学ぶことで、敬語を使う「心」のありかたについて、認識を新たにした生徒も多かった。その点では、敬語の意義や必要性といった、根本となる部分への関心を持たせることができたと思う。

また、課題1での各自の収穫を、テレビやラジオの番組という形でまとめさせたことは、生徒にとって楽しい学習になったようである。日頃テレビでいろいろな番組を見ているため、場面が想像しやすく、また、台詞の形で書くため、人に「伝える」という形になりやすいためであろう。

今後の課題としては、一つは、敬語の実践的な指導とどのように関連づけるかということである。敬語を使う「心」のありかたを知ったこと、あるいは、敬語の意義や必要性に気づかせることができたことと、敬語を正しく使えるようになることとは、直接にはつながらない。また、よく言われることであるが、国語教室の中だけで敬語の使い方が身につくものでもない。今回の実践で、生徒が興味を持ったものの一つに、敬語の誤用・乱れがある。テレビなどでの会話における敬語の誤用に気がつくようになったという生徒もいる。このように、テレビやラジオも含め、社会全般の敬語の乱れに敏感にさせることも、正しい敬語の使い手を育てることにつながるのではないかと思う。

課題のもうひとつは、書物などから学んだものを、他の生徒に伝えるという学習活動の工夫である。今回は、同じ中学生を対象としたテレビやラジオの番組をつくらせるという形を試みた。5—(6)でも書いたように、この形式は生徒には取り組みやすく、楽しい学習になっていた。また、異なる意見を、そのままの形で伝えられる点でも表現しやすい形式であった。しかし、もう一歩進めて、教室で、実際に互いの収穫を出し合う座談会などを開くのも一つの方法だと思う。

敬語指導について、音声言語指導とも関連させながら、今後更に研究を深めていきたい。

敬称乱発 困ります

NHKは「けじめ」を

同僚「さん」付け放送は変

わたしの言い分

評論家　鈴木　喬雄さん(72)

1914年広島県呉市生まれ。東大経済学部卒。三菱信託に入り、営業部長、新生電機監査役を経て評論活動に入る。経営評論のほか、国語辞典のユーザーとして厳しく論評。1985年「診断・国語辞典」（日本評論社）を出版した。

（昭和61年12月7日　朝日新聞）

論壇

柴田　武

身内へのさん付けは丁寧語

ルールから外れるが徐々に慣用化

自分の父親を話題にするとき「父は……」と言うのが正しい。会社の上役でも外部の人に話すときには「山本（課長）は……」と言うのが正しい。それは、ウチとソトのけじめに対応する敬語の使い分けルールである。

近ごろ、このルールがルーズになりつつある。東京周辺の何人かの高校の先生に聞くと、母親の大部分が「うちの〇郎さんは……」のように話すという。NHKのニュースキャスターが「桜井さんが中国から帰りましたので……」のように同僚の女性アナウンサーを紹介したという（六十一年十二月七日付の本紙「わたしの言い分」）のも同じ傾向で、やはりルールからはずれている。

しかし、母親も我が子を尊敬して、さん付けにしているわけではなかろう。自分の言葉を丁寧にする、飾って言うためだと思われる。問題のアナウンスにしても、「桜井が……」と言うのは少々抵抗があるのかもしれない。特に女性アナウンサーが男性キャスターについて「今井が……」と紹介するのは、言う本人にとっても、聴視者にとっても抵抗を感じるのではなかろうか。

かつて総合放送文化研究所（NHK）がアナウンサーにアンケートした回答のなかに、「身内だからといって敬語を差し控えると、生意気に背伸びしているような印象を与えるようなので、苦肉の策として、語尾をぼかしたり、敬語を使いながらその部分の発音は声をのむよう加減したりしている」という、ある女性アナウンサーの告白がある。（「これからの放送敬語」昭和五十二年）

少し古い情報であるが、国立国語研究所にもこの問題を調べた報告がある。話し手が二十歳代の女性、相手が五十歳代の男性だったら「〇が市役所へ行けと言いました」の〇に「父」「おとうさん」のどちらを入れるべきか、スライドを見せながら判断を求めたところ、前者が七四%、後者が二六%だった。「おとうさん」が二六%もあるのも注意を引くが、まだ大多数はウチ・ソトの敬語ルールを支持している。

ところが、会社の電話口の会話を録音したものを再生して、おかしいと思う個所を耳で聞いてチェックしてもらうと、「あいにく山本は外へ出ておりますが」には、なんと四五・六%の人が反発した。ただ頭の中で考えている規範意識と実際の談話に対する判断とが矛盾している。（「敬語と敬語意識」昭和五十二年）

イエズス会の神父ロドリゲスが書いた「日本文典」（一六〇四～一六〇八年）には、「……子が親のことを……尊敬すべき人と話す場合には……謙譲の動詞……を使うのが普通である」とある。この説明の中には、主語は「父が……」のように言うべきことも含まれている。ところが、ほぼ同じ時代の「おあむ物語」には「おらが兄様は折々山へ鉄砲うちに参られた」のような例がいくつか見つかる。狂言や歌舞伎の脚本にも矛盾例がある（江湖山恒明「敬語法」昭和十八年）。タテマエとホンネの違いは十七世紀以来のことなのだ。

ところで、問題のアナウンスで、もし「桜井さんが」で尊敬を表しているのならば、当然「お帰りになりましたので」と受けるべきなのに、「帰りましたので」である。おそらく、言葉を丁寧にしようとして、さん付けにしたのであろう。「さん」は、現代では尊敬語でもあり、丁寧語でもある。

なお、以上はすべて第三者を話題にするときのことで、話し相手に直接呼びかけるときは、たとえ同僚でも「桜井さん」「西山さん」と、さん付けにするのが正しい。

（元東京大学教授・言語学、NHK放送用語委員＝投稿）

（昭和62年1月16日　朝日新聞）

三　課題研究「わたしの言葉の学習」
――（中学二年生）――

1　単元ができるまで

これまで、国語学習の中で、日本語そのものに焦点を当てた単元の試みをいくつか実践してきた。（注）そこにある願いは、コミュニケーションの手段としての言葉にもっと関心を持ってほしいということと同時に、日本語の特徴をとらえ、日本語のよさに気付いてほしいということである。

一方で、単元を学習している間だけ言葉について考えるのではなく、常に言葉について関心を持ち続ける姿勢を育てたいと考え、近年は「ことば通信」を折りに触れて発行し、日本語に関する話題を提供している。その話題が生徒の関心を呼んだり、時には関連した新聞の切り抜きを持ってきてくれたりすることから、年間を通して、言葉の学習を続ける方法を試みてみたいと考えるようになった。

そこで、今回の学習は、教科書（学校図書　平成九年度版　国語二）の導入単元を用い、一年間を通して、生徒自身による「言葉の学習」に取り組むことにした。

（注）本書Ⅰの一、Ⅱの一・二・四

2　単元の構成

(1)　単元のねらい

1　言葉について関心を持つ。
2　自分の設定したテーマにしたがって、研究を続けることができる。
3　日本語の特徴やよさを学びとることができる。

(2)　この単元で育てたい力

1　テーマを設定する力

この学習においてポイントになるのは、学習のテーマの設定である。与えられたテーマを自分なりの方法で研究する力ももちろん大切であるが、これからの学習においては、テーマを自ら設定し、それ追究する力を育てることが大切になってくると思われる。とくに今回の学習の場合、年間を通して学習するので、内容的にも量的にも一年間継続できるテーマ（本単元では、「言葉の学習の目標」と呼ぶ）を設定することが必要で、そのためには、学習の見通しも持たなくてはならない。

テーマの設定の仕方によっては、始めたもののうまくいかず、テーマを変更するということもありうるが、それも意義ある学習と考えて指導にあたりたい。

2　計画的・継続的に学習を進めていく力

この単元は、基本的には自主学習によって各自のペースで学習を進めることになる。途中で何回かノートを提出させ、進捗状況をみて個別に指導を行うことが必要となる。テーマによって進め方やまとめ方も異なってくるが、このような個別学習は、今後増えてくると思われる。見通しを持って学習を計画的に進めながら、テーマを「自分らしい方法」で探究していく力を育てていきたい。

3　指導の過程

(1)　単元への導入

言葉に興味を持たせるため、一年次から「ことば通信」を随時発行している（P.71～77資料参）。二年生の学習が始まって間もないころ、この「ことば通信3」で『現代〈死語〉ノート』（小林信彦　岩波新書）の一部を紹介し、生徒たちに、自分たちで言葉の話題を見つけたり、言葉について研究してみようと投げかけた。

教科書の「1　これからの一年――わたしの目指すこと――」を参考に、（P.72資料参）本単元の学習の始まりである。

・言葉の学習の目標
・目標を立てたきっかけ
・目標を達成するための方法

の三点を所定の用紙に記入させた。（P.56資料参）

(2)　指導の展開

この学習は、一学期から始まり三学期半ばの提出まで、ほぼ一年間という長い期間にわたる学習である。そのため、各学期に二回ずつ学習ノートを提出させ、個々に助言を書いて返却するという指導形態をとった。具体的には、五月上旬、夏休み前、夏休み明け、冬休み前の、計四回、学習の進捗状況を確認すると同時に個別の指導を行った。

また、「ことば通信」で学習のヒントになるような話題を提供したり、学習例を紹介したりしていった。例えば、次のような話題である。

・敬語の誤用――ことば通信　その5「気になる言葉」（P.73資料参）
・「ら抜き言葉」の実例――同　その6「また　気になる言葉」（P.74資料参）
・天気予報から消える「夜半前」――同　その7「言葉が消える」（P.75資料参）
・敬語の誤用――同　その8「言葉の学習ノートより」（P.76資料参）
・カタカナ語使用についての厚生省の指示と投書――同　その9「カタカナ語　これも日本語？」（P.77資料参）

4　指導の実際

(1)　テーマの設定について

生徒が考えたテーマ（「言葉の学習の目標」）は多様で、一三五人の生徒から一三五通りの目標が提出されたといってよい。その中のいくつかを紹介する。

1　教科書の意味調べを充実させたい。
2　新聞を読んで、難しい言葉やわからない言葉を辞書などで調べたい。
3　略語・外来語について調べたい。
4　和製英語ついて調べてみたい。

5　「雨」についての言葉から日本人の感じ方を考えたい。
6　小説や漫画から、難しい読みの漢字やおもしろい語を見つけたい。（下の資料参）
7　関西から転校してきたので、関西弁図鑑を作りたい。
8　日常生活で使われている敬語の間違いを探したい。
9　広告の宣伝文句からおかしな日本語を探したい。
10　新聞から言葉についての記事を集めたい。

提出されたテーマを大まかに分類すると、

・教科書教材の意味調べとその発展に類するもの……前述の例1・2の類
・興味をもっている分野について、例を集めたり、研究したりするもの……3〜9の類
・言葉について書かれた資料を集めるもの……10の類

といった分け方ができる。

中には、年間を通して学習するには不適切なものや、学習方法があいまいなものもある。そのような生徒には、個々に指導をしたが、無理にテーマを変更させることは避けた。テーマを考えること自体も大切な学習であるため、実際にやってみて考え直すことも意義があると考えたからである。学習の

二年生
わたしの言葉の学習
組　番（　　　　）

次のような目標を立てました……
小説・漫画から 読みの難しい漢字・おもしろい語を見つけたい

この目標を立てたきっかけは……
ある小説で「むず」が読めなかったことから始まります。結こういっぱいあったのでしらべてみようと思いました。

目標を達成するための方法としては……
北村薫さんの小説、漫画「るろうに剣心」「封神演義」を中心に（その他もふくめるかも）調べる

先生に一言
漫画もあるし、きながに行きます。

様子を定期的に見ていく中で、進め方やテーマ変更の相談に応じていくようにした。

(2)　生徒の取り組み

ここでは、生徒の学習の実際を、テーマとの関わりにおいて報告したい。

①　テーマを二回変更したY子

先の例で示した3～9のように、興味を持った分野について調べたいというテーマを設定する生徒は多い。しかし、調べ方によっては、本から「写す」だけになってしまい、「考える」という学習に発展しない場合が多く見られる。

例えば、Y子の場合。言葉の学習の目標と、目標を立てたきっかけ、学習方法は次のとおりであった。

> 言葉の学習の目標
> 　同訓語・同音語の使い分けを調べる。
> 目標を立てたきっかけ
> 　同じ発音をする二語（または三語）でも、実は意味が違っていたり使い方が違ったりして間違うことが多いので調べてみたい。
> 目標を達成するための方法
> 　図書館へ行って本を借りて調べる。

「使い分けを調べるだけでは参考書にも出ている。それを写すだけでは工夫がないし、飽きてしまうかもしれない。」とアドバイスしたが、とにかくやってみたいということで学習を始めた。Y子にとってこの目標は、二回目のものである。最初は、「『そろそろ』『まだまだ』『どれどれ』などの言葉の由来を探りたい。」という目標を立てたものの、学習の見通しを考えたとき調べる方法が見つからないということで、この目標に変更したのである。

第一回目（五月初旬）に提出されたノートには、「あう――合う・会う・逢う」から始まり「あらわす――表す・現す・著す・顕す」まで一五語のそれぞれの意味と使い方がていねいに「写されて」いた。感想として次のように記している。

先生に、この目標は工夫がないと言われて確かにそうだなと思いました。でも確かに工夫はないけど、中身はとても身につくものだと思います。（中略）とりあえず、今の時点でこの目標は私にとってもとてもおもしろいものであり、とても役に立つ勉強です。工夫がないと言われても、私にはよい勉強になるのでこれからも頑張ります。

その感想に対し、次のような助言を書いた。

「何かに書いてあることを写すのでは、これから先、時間のかかる作業になってしまいます。そういう意味で工夫がほしいのです。写す時間は、まず繰り返し読んでみる時間にする。その後で、自分や友達の書いた文章を見直してみると、使い分けが生きた知識となって使えるのです。例えばあなたの感想の中に『変わって』とありますね。この語は同訓語があります。」（以下略）

ところで、二学期には、日本語の現状を考える単元学習を計画していた。そのため、夏休みに、広告などのコピー文から気になる日本語を集めるという課題を出した。この学習が生徒の興味を引いたようで、これを自分の「言葉の学習」にしたいという生徒が出てきた。それまでのテーマで学習がうまく進んでいなかった生徒が多い。このY子もその一人であった。二学期に入り、Y子から、次のような新たなテーマが提出された。

言葉の学習の目標
　新聞、雑誌、チラシなどから、おかしな日本語を探して、それらについて考察する。
目標を立てたきっかけ
　夏休みの課題をやっていて、今自分がやっているのより、おもしろくて役に立ちそうだなと思ったから。
目標を達成する方法
　切り抜きをちょくちょくためておく。

二学期からのノートでは、集めた資料（広告のコピー文）を、若い女性対象のもの、主婦対象のもの、対象を限らないものとに分け、カタカナ語の多用、略語、文法的な誤り、「ら抜き言葉」などと結びつけて独自の考察をしている。さらに、広告のコピー文から見た今の日本語についての自身の考えもまとめている。

Y子は、一年間の学習を終えて、次のような感想を書いた。

　私は、なんと二回もテーマを変更してしまいました。初めのテーマは調べる方法が見つからなくて、二回目のテーマは本の丸写しになってしまいました。でも、最後のテーマは自分にあっていて、自分らしい言葉の学習ができたと思います。二回目のテーマ（同訓・同音語）のときは提出の前に一生懸命本を写してたけど、三回目のテーマのときはちょくちょくと切り抜きをためて、三週間に一回くらいのペースでコメントを書いて……と計画的にできました。いろいろあったけど、最後にいいテーマにめぐりあうことができてよかったです。

単に「調べて写す」だけの学習になっていたY子は、試行錯誤の結果、「自分にとって価値あるテーマ」を見つけることができた。言葉の学習と同時に、この単元で育てたいテーマ設定の力についても、意義ある学習をしたといえよう。

② テーマを追究する過程でさらに新たなテーマへと発展していったS子

次に紹介するのは、前項のY子と同様、調べ学習でやや行き詰まった感があったが、そこから新たなテーマを発見していったS子の例である。

言葉の学習の目標
　体の部分がつく四字熟語やことわざを調べたい。
目標を立てたきっかけ
　それなりに意味があるものなので、なぜそれが使われたのかまで考えたくなったから。また、部分の呼び方も違うことを不思議に思ったから。
調べ方
　本や新聞が取り上げているものを見ていったり、部分の名前も調べ、よく使われているところ、いないところも調べていって、ノートに書き留める。

実際の学習は、ことわざ辞典の「あ」の項から順に体の部分のつくことわざと意味を書き写し、それを使った例文を作るという手順であった。しかし、普段の生活では耳にしないことわざも多く、例文つくりに苦労している様子がうかがえた。使えるものを選ぼうという助言をしたところ、「前回の提出で『使えるものはどれか』というご指摘を先生からいただいたので、今回少しやり方を変えて、これからの生活で十分活用できそうなものを選んで、それらだけ例文を作りたいと思います。」とノートに記して、学習を「う」の項まで続けていた。

夏休み前のノート提出で、考察の中に「いいことがあるのは、よく『餅』で表現されている。牡丹餅、あんころ餅など。」という発見を記してきた。この発見について追究してみるのもおもしろいと助言したところ、夏休みから「餅」の研究を始めた。その時点では、「開いた口にぼた餅」「あんころ餅で尻叩かれよう」の二つのことわざだけであったが、さらに四八の餅のつくことわざを探し出し、それぞれの餅の意味を考えた。そして、餅は思いがけない幸運が転がり込む意味で使われていることが多く、さらに、餅の中でも牡丹餅はその度合いが強いという考察をまとめてきた。夏休み明けのノートでは、この考察とともに、次のように書いている。

「もう少し餅について知りたい気がします。でも、何を探っていったらよいのかわからないのです。何かよい方法はないでしょうか。餅についてはとてもおもしろかったと思います。そして、今まででいちばん深まったものができたと思います」。

二学期は、指導者の助言で、餅を商品としている「サトウ食品工業」新潟本社に、餅がよい意味のことわざに使われることが多い理由を問い合わせると同時に、餅についてさまざまな書物を調べ始めた。その学習は、餅の歴史に始まり、全国各地の餅に関する文化に及んだ。言葉の学習から食文化の調べ学習へと発展したわけである。

S子は学習を終えて、次のように感想を記している。

学習を終えて

一番初め、ことわざについてという設定が悪く、機械的にやることになってしまいました。でも、「餅」にテーマを絞ってみると、発見の多いよい研究になったと思います。

学習の収穫

近ごろ、ことわざが会話に出てくるなんてことはめったにありません。ことわざにはそれぞれちゃんとした意味があり、それをさまざまなものでたとえているすばらしい日本の文化の一つです。だから、もっと知っておかなければいけないなと、今回つくづく感じました。

　この学習を通して、日本独特の文化について考えることができたと思います。ことわざなどあまり今まで知りませんでした。だからこの学習を通してことわざという日本が作り出した文化を会話や生活に取り入れられたらいいと思います。


　この生徒は、当初の学習方法では、自分の言語生活との接点が発見できず、その意味では、生きた学習になっているとは言えなかった。①で紹介した生徒の例と合わせ、自分にとって価値あるテーマに巡り合うこと、さらに「自分らしさ」を生かしながら学習を進めていくことの難しさを感じさせる例であった。

③　発展的に学習を進めたM子の例

　前述の二人の生徒と対照的に、自分の楽しめるテーマを選び、独自の学習を進めていった生徒を紹介する。

　M子は、小説を読んでいて「百舌」が読めなかったことと、漢字について普段から関心を持っていたということから、次のような目標を立てた。（P.56資料参）

言葉の学習の目標
　小説、漫画から読みの難しい漢字、おもしろい語を見つけたい。
目標を立てたきっかけ
　ある小説で「もず」が読めなかったことから始まります。結構いっぱいあったので調べてみようと思いました。
目標達成の方法
　北村薫の小説、漫画『るろうに剣心』『封神演義』を中心に調べる。

M子は興味をもった漢字の読みをノートに書き抜き、一つ一つに意味や使い方、コメントを記している。（P.78上資料参）抜き出している漢字は、読み方の難しいと思ったもの以外に、当て字や、常用漢字外の字（「箪笥」、「嘶」、「啜る」など）である。

逆鱗――げきりん。「ぎゃくりん」と読んでしまいそうで、実は「げきりん」。普段は「逆鱗に触れる」（目上の人をひどく怒らせる）でつかいます。
忸怩――意味は、自分がした行動について、たいへん恥ずかしく思うようす。言葉自体知りませんでした。
轟々――今日電車の中で見付けたんですが、全然読めなくて、ついには学校で聞き回ってしまいました。そして、TさんとS君と一緒に知恵をしぼっていたとき、K君がさらっと教えてくれました。意味は、（以下略）

さらに、「欧羅巴」「埃及」「独逸」「上海」の読みを知ったときは、国名や都市名を漢字で書いたものを探し、「鯖」が出てきたときは魚偏の漢字を集め、「皐月」と出会ったときは、十二か月の異名を調べる、という具合に、辞書を使って学習を発展させている。このような漢字だけでなく、「初々しい」では「○○しい」という言葉を「神々しい」「女々しい」「雄々しい」など思いつくままに二三語あげ、「『○○しい』というのは、様子を表す言葉でしょうか。」と書き記している。単に読みの難しい漢字を調べるのではなく、発展的に語や文字の知識を広げている。なにより、自分に興味のあるテーマについて、楽しんで学習を進めている様子がうかがえる。

指導としては、「○○しい」の語については、『逆引き国語辞典』を教え、「もず」をなぜ「百舌」と書くかの疑問については、語源について触れている『大言海』の存在を知らせたりしていった。

ノートに、学習の感想が次のように書かれている。

> 普段読んでいても、読みの難しい漢字をみて、「あっ、これいいなあ。」と思ったりするようになってしまいました。これで終わってしまうなんて、惜しいです。……漢字というのは本当にいっぱいあります。はじっこから覚えていくのはいやになるけれど、こういうことをやると興味を持てました。

また、学習終了後の「学習を終えて」には、こう記している。

> テーマの設定の仕方
> 非常によかった。当たったという気分です。内容に困ることはなかったですから。むしろいっぱいありすぎました。
> この学習の収穫
> 漢字をおもしろいと思ったこと。新しく知った言葉がふえたこと。辞書を引くようになったこと。本が深く読めたこと。楽しめたこと。
> 「陽炎」「儚い」「胡桃」「硝子」「蒔く」。私の好きな漢字です。

当て字や意味調べだけでは単調になりがちな学習も、このように発展的に学習を展開することで、「自分の学習を楽しむ」ことができている。これも、課題をどう設定するかに関わってくるといえよう。

5　評価

提出されたノートは、それぞれの一年間の学習の重みを感じさせ、指導者自身にとっても、興味あるものが多かった。それと同時に、指導者の助言の重要性に改めて気付かされたことも事実である。

この項では、生徒が自分の学習にどのような評価をしているかを紹介する。

生徒は学習終了後、次の四点について自己評価をした。

1　テーマの設定の仕方について
2　一年間の取り組みを振り返って
3　この学習の収穫
4　たいへんだったこと

ここでは、本単元でつけたい力である「テーマの設定について」の評価と、ねらいに関係する評価である「この学習の収穫」について取り上げたい。

(1)　テーマの設定に関して

テーマの範囲が広すぎてやりにくかったり、逆にすぐ終わってしまうテーマだったりと、苦労した生徒が多かったことがわかった。次のような自己評価にそれがうかがえる。

・テーマは充実できるものだったけれど、あまり変化や発展ができなかったので、もう少し工夫したほうがよかったと思った。（テーマ……教科書の意味調べや新聞のわからない語句の意味調べをしたい）
・いろいろな発見があったけれど、もう少しテーマを絞ってみてもよかったかなと思いました。（テーマ……死語について知りたい）
・初めは「チョベリバ」などの類の言葉を分析するつもりだったけれど、内容は意味不明の日本語を集めたのがほとんどだった。だから初めにもう少し考えてからテーマを設定すればよかった。内容はそれなりによくできたと思うけど。（テーマ……今どきの若者が使う言葉、おかしな日本語を集めて、いろいろ分析してみたり自分の考えを書いたりしてまとめる）

また、いいテーマと学習の進めやすさは必ずしも一致せず、

・個人的にはいいテーマであったと思うけど、やってみると意外と面倒でたいへんなテーマだった。（テーマ……略語について調べたい）

という感想もある。
自分のテーマの設定に満足した生徒は、次のような評価の言葉を記している。

・このテーマにしてよかったと思います。もしこのテーマを選んでいなかったら知らない略語があったと思う。また、今後役に立つと思う。（テーマ……新聞の見出しに使われている略語を集めて分類したい）
・調べやすかったし、多方面にわたっていたのでわりと研究らしくなっていろいろ考えられてよかった。（テーマ……「雨」に関する語を集めたい）

(2)　学習の収穫に関して

テーマ設定には苦労しても、学習から得るものは多かったことがうかがえた。まず、言葉についての収穫から紹介する。

「雨」に関する語を集める学習を進めた生徒は、擬声語・擬態語、季語、ことわざと雨の関係を考え、また、日本語について書かれた書物の中から雨と日本人について書いた部分を読んだ（P.78下資料参）。そして、次のような収穫を記している。

> 言葉（日本語）が、それを使う人（日本人）をよく表していると思いました。日本語の特徴を調べることで、他国に比べて日本人はどんな感性をもっているかが、雨の研究で少しかいま見ることができました。また、死語となりつつある言葉もわかってよかったと思います。とくに、「○○雨」というのは知らないものが多くて、思ったよりずっと多かったから驚きました。

和製英語に興味をもち、『現代用語の基礎知識』の索引をもとに「これも和製英語だったのか」という発見のあった語を書き抜いて、一つ一つに感想を書いた生徒は、「今まで英語だと思っていたものが、和製英語だとわかった。和製英語にも和製英語の魅力があることがわかった。」と収穫の欄に記し、ノートには次のようにまとめている。

> この研究を行うまで、私は和製英語というものを馬鹿にしていた。しょせん、インチキ英語であり、国際化の進む現代にはじゃまなものであろうと思っていたのだ。ところが、実際に調べてみると、「えっ、これも。」というものがいくつもあり、英語と比較して「これは和製英語の方が分かりやすい。」というようなものがいくつかあった。そして、これは日本語でも英語でもない、別の文化ではないかとさえ思うようになった。これらの和製英語には、いかに人々に浸

透させるかという思いがこめられていると思う。

「擬声語・擬態語の中でおもしろいと思ったものについて調べ、いろいろな人にどの言葉がどの場面によいか聞き、考えてみたい。」というテーマで出発した生徒は、学習に行き詰まったとき、森本哲郎の『日本語　表と裏』を紹介したことにより、学習の方向を見付けだすことができた。収穫には次のように記している。

最初の計画とは思いもよらぬ言葉の学習になってしまいましたが、森本哲郎さんのすばらしい考えや、日本の独特な擬声語・擬態語まで知ることができてよかったです。でも、もっともっと多くのことを収穫するために、いつもいろいろなところに目を向けていれば最高だったなと思います。日頃何気なく使っている言葉と、正面から出会えた！という感じです。最初は「言葉は話すためにあるんだ。」「それだけのためにあるんだ。」と考えていましたが、言葉の学習を終えた今、言葉というものは「人柄を表すもの、大切なものなのだ。」と考えるようになりました。

学習の方法そのものから、貴重な収穫のあった生徒もいる。「おもしろい新聞の見出しを集めたい」というテーマで学習を進めた生徒は、

いつも何気なく見ている新聞でも、よく見ると、おかしな言葉がいくつもある。私はこの学習のおかげで、今までテレビの番組表しか見ていなかったのが、言葉を探しているうちに、中に書いてある記事まで読むようになりました。それが一番の収穫です。

「四季の文字が含まれている言葉を辞書で調べたい」というテーマで学習を進めた生徒は、

すごくたくさんの言葉を知ることができたし、その言葉の意味もわかったのでよかったです。今まで全然辞書を引いたりしなかったのが、この学習を始めてから、けっこう使っているので、そこがよかったと思います。これからも「あれ?」と思ったような言葉があったら、すぐ辞書を使ってどんどん知識をふやしていきたいです。

「方言の違いについて調べたい」というテーマで出発したものの、途中で「雑誌の中の気になる日本語を集めたい」と変更してきた生徒は、

自分でテーマを考えて取り組むことに意義があると思う。すこしずつやっておかないと最終的に困るから計画的にやることを学ぶことができた。これから始まる課題学習にもつながると思いました。

この中の「課題学習」とは、三年次選択学習の前段階として、二年三学期に行う個人研究のことである。そこでもテーマの設定が重要な鍵になる。今回の国語学習での経験を、他の学習活動に生かそうとする姿勢も、この学習の成果といえよう。

6　今後の課題

一年間かけての単元、そして、個別学習という試みから、指導者に残された課題は多い。

まず、学習者にとって価値あるテーマを設定させることの難しさである。自分なりの研究を、楽しみながら進めるためには、テーマの設定が鍵となる。一人の生徒は、感想に「ぼくはテーマ設定がとても苦手です。自由課題研

究でも苦労しました。」と書いている。この「自由課題研究」とは、先にも述べたように、二年三学期に行った個人研究のことである。このように、学年が進むにつれ、個人でテーマを設定して研究したり調べたりしていく学習が多くなることを考えると、いろいろな機会をとらえて、テーマ設定の学習経験を持たせることが必要であると感じる。

もう一つは、言葉の研究を深めるための資料提供の大切さである。今回の学習の場合、提出されたノートを見て、行き詰まりや単調さの感じられるものについてはもちろんのこと、そうでない場合も、個々のテーマに応じて文献や新聞記事などの資料を提供する必要を感じた。指導者自身の研究の重要性といってもよいかもしれない。

その他、今回は生徒が自由にテーマを設定したが、ある程度指導者の側で絞る必要はなかったか、年間のカリキュラムの中での言語事項の指導ともっと関連させることはできなかったかなど、再考を要する部分が多い。

次の試行に向けて、さらに研究を続けていきたいと考えている。

資料　(1)「ことば通信」

ことば通信

その2　平成八年　九月

この言葉　知っていますか

チョバチョブ　マッハ　チョベリバ　鬼　超ムカ　……

夏休み中の朝日新聞日曜版の「日本語よ」に取り上げられていた〈若者語〉の一部です。いつの間にこんな言葉が生まれたのだろう。どこで生まれたのだろう（「チョベリバ」については説明があったのでわかりましたが）。そもそも、〈若者〉とはどのくらいの年齢層を指すのだろう、とあれこれ疑問がわいてきました。

夏休みの自由課題で、新聞などから言葉に関する切り抜きをしようというのがありましたが、さっそく出ました。見出しは

ことばと遊ぶ？　女神（女子中高生）たち

（北山の手リビング　サンケイリビング新聞社 7/27）

「今、女子中高生を中心に流行っている仲間ことば」を三十三語、意味と共に紹介してありました。「チョベリバ」もあれば「チョベリハ」もあり、「チョバブ」そして「キムタコ」……

一年生の皆さん、このような〈若者語〉をどのくらい知っていますか。そして、どのくらい使っていますか。

ことばは生きています。これらの〈若者語〉が、これからどのようにして生きていくのか、じっと見ていたいと思います。

日本語よ　19

若者語　マッハ

米川　明彦　梅花女子大助教授

愛子「ちょっと聞いて」

友子「何？」

愛子「この前、マゴギャルに通りすがりに『おばさんどきー』とか言われてん。マッハむかつくー」

友子「うしろからどつき、そんなんは」

この会話での「マッハ」は「非常に」を意味する強調語。この種の若者語はとどまるところを知らず、次々に新語を作り出している。そして、ますます過激になってきている。

チョーベリーバッドを略して「チョベリバ」（最悪）に代表される「チョベリ～」は新しい強調語で、「超」と英語のveryを重ねている。「超」だけではもうインパクトがなくなってきたと見える。

最近、「スーパー巨」というのを聞いた。

知代子「今日はメッチャあついやん」

有紀「メッチャどころか、スーパー巨あつや！」

さらにまた、「チョーモロモロベリバ」という「チョベリバ」よりもっと最悪を意味する語を聞いた。

恵子「一講目、休講やって」

あかね「えー、七時前に家出て、わざわざ来たのにー。チョーモロモロベリバー！」

「モロ」は単独で強調語であるが、それを重ねた「モロモロ」に「チョーベリ」を付けるという四重の強調だ。

若者語は会話のノリを楽しむことばで、大げさな表現が好まれる。そこで、このような強調語が使用される。

今までの、「すごい」「ものすごい」にはもうインパクトを感じず、より新鮮で強力な過激語を求めている。

過激さは若者語だけではない。世の中全体に、誇大宣伝文句が氾濫（はんらん）している。だれも文字通りには信じない。

話半分、いやそれ以下にしか取っていない。並の強調ではだれも驚かなくなった大げさな日本社会の中で、過激な強意語が育っていく。

ことば通信

その3　平成九年　四月

「言葉」の学習の目標を

下の欄を見てください。これは、ある本の索引です。そこに掲げられた言葉のうち、いくつ知っていますか？

わたしたちは、たくさんの言葉の中で生活しています。文字としての言葉、音声としての言葉が、わたしたちのまわりにあふれています。昨年一年間の国語学習の中で、言葉についてどんな発見があったでしょうか。この「ことば通信」では、「さくら」のつく言葉を探す学習から、新しい言葉との出会いの意味、また、「若者語」を考えることから、言葉がどのようにして生きていくのかということを取り上げました。

中学校での国語学習の二年目。これからの国語学習の中で、自分の言葉の世界をさらに豊かなものにするために、「わたしの言葉の学習」の目標を立てましょう。教科書での学習を充実させるだけでなく、新聞あるいは日頃使っている言葉を学習の材料とすることもお薦めします。

①目標　「……したい」という形で簡潔に
②目標を立てたきっかけ　自分と目標の関わりがわかるように
③目標を達成するための方法　出来るだけ具体的に

あ 行

や・ら・わ行

書名『現代死語ノート』
著者　小林信彦

ことば通信

その5　平成九年　五月

〈言葉の学習のヒント　②〉

気になる言葉

先日、S君が、「『ご覧になってください』っていう言い方間違ってますか?」と聞きにきた。これは、敬語の使い方の問題ですが、みなさんは、この問いにどう答えますか。

いつごろからか、西武線各駅で、列車のドアが閉まるときに「ドアを閉めさせていただきます」というアナウンスが入るようになりました。以前は、「ドアが閉まります」だったように記憶しているのですが。この「させていただく」も最近はあちこちで耳にします。

本屋で敬語に関する本を探してみてください。たくさんあることに気づくでしょう。そして、これはどういうことか、考えてみてください。

最近の新聞から、敬語に関する記事を紹介します。

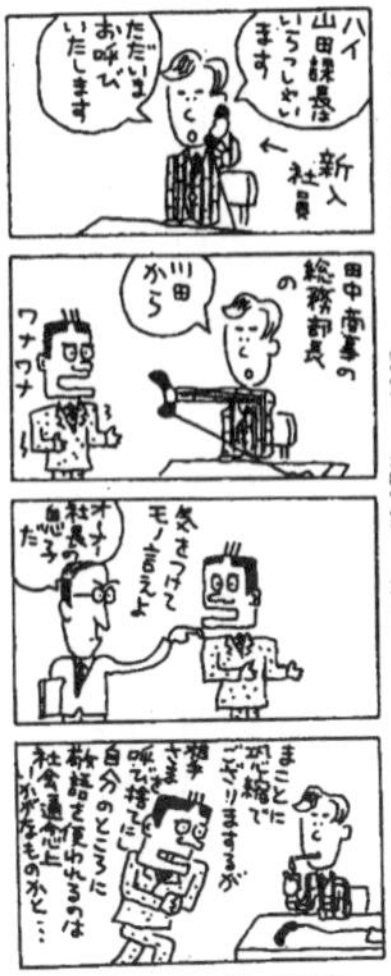

平9.4.8. 朝日新聞（Mr.ボオ）

天声人語

デパートで服を買った。ただし、ちょっと離れた専門のコーナーに持って行って、寸法を直してもらわなければならない。若い店員が「お持ちしますか」というので、うなずいた▼ところが、彼女はそのままほかの仕事を始めた。こちらを気にしている様子もない。声をかけてみて、事情がわかった。彼女は「あなたが自分で持って行きますか」を敬語として表現したつもりで、「お持ちしますか」といったのだった。それなら「お持ちになりますか」でしょう、とつぶやいてみたが、せんかたなし▼文化庁が先日、国語に関する世論調査の結果を発表した。たとえば、つぎの言い方は気になるか、ならぬか。「スープは熱いやつと冷たいやつがございます」＝気になる七九%、ならぬ一九%（残りは、どちらとも言えぬ、など）。「そこの茶店でコーヒーでもいかがですか」＝なる五一%、ならぬ四五%。「イヤホンの使用はただでございます」＝なる四八%、ならぬ四七%。これらは、敬語と俗っぽい表現を組み合わせた、本来は不調和な言い方だ▼会社を訪ねてきた客に対することばで「受付でお伺いしてください」＝気になる五六%、ならぬ四〇%。「受付でお聞きしてください」＝なる五三%、ならぬ四四%。「受付で伺ってください」＝なる四四%、ならぬ五二%。三例とも、誤用とされる表現である。「伺ってください」が気にならない人が、半数を超えている。私には、それが気になる▼万物は流転する、といった古代ギリシャの哲学者がいた。ことばも当然、変化する。若い同僚は「愚妻なんてへりくだるのは、おかしい」という。「彼女に対する侮辱です」と。なるほど、とうなずきつつ、侮辱とは少々違うのに、と思う▼調査の続き。「むかつく」を使ったことがある人四三%。「すごい速い」四三%。「あの人は私より一コ上だ」四二%。

平9.4.22 朝日新聞

天声人語

敬語の乱れについて触れて以来、連日、手紙をいただく。年配の方が多い。

〈乱れのことをひとに言うと「どうして気になるの」と反問されるので、よけい気になります。年のせいでしょうか〉。そう添え書きされたお便りもあった▼〈デパートで品物

平9.4.25

（以下省略）

上の記事の続編です。

ことば通信

その6　平成九年　五月

言葉の学習のヒント　③

また　気になる言葉

A　**場所を選ばずスリッパが置けれます。**

B　**雨の日の強い味方。急いで乾かせたいお子様の体操服、半乾きの衣類をカラッとスピード乾燥**

C　肌に優しいタオル地のスッポリ着れるポンチョ!!

最近目にした、気になる言葉です。ともに、通信販売のカタログで見つけました。

まず、Aは、どの部分がおかしいのかすぐわかるでしょう。このような間違いは、ほかの言葉の場合にも起こるでしょうか。

次のBも、おかしい部分はすぐにわかりますね。二通りの言い方に直すことが出来ますが、きっとその二つが一緒になってこのような表現になってしまったのでしょう。

さて、C。どこもおかしくないじゃない、という人が、きっといるはずです。というより、どこがおかしいのかと尋ねられそうです。このような言い方は、普段たくさん耳にしていますから。

私たちのまわりにあふれている活字をよく読むと、しばしばこのような「気になる言葉」「ちょっと引っ掛かる言葉」に出会うものです。見つけたら、メモを。日本語の行く末を考えるうえで、おもしろい材料になると思います。

ことば通信

その7　平成九年　五月

言葉の学習のヒント　④

言葉が消える

「夜半」という言葉を知っていますか。読み方は「やはん」「よわ」の二通りありますが、ここで話題にしたいのは、その「やはん」の方です。

どこかできっと耳にしてるこの言葉、どこで使われているか記憶にありますか。そう、天気予報です。「関東南部では夜半過ぎから雨が強くなるでしょう。」とか、「台風○号は、夜半前には伊豆半島に接近するおそれがあります。」といった使われ方をしています。しかし、天気予報以外では耳にしないし、使うこともない言葉でしょう。

辞書では「よなか。まよなか。よわ。」（広辞苑）と説明されているこの言葉ですが、日常的に使うことがなく、一般にはピンとこない言葉になったため、天気予報から消えることになりました。これまで二十一時から二十四時までを指していた「夜半前」は、「夜遅く」と言うそうです。

七月から、ひとつの言葉が消えていきます……

「夜半前」消え「宵の内」残った

改定するのは、全国を都道府県より細かい予報区に分け発表当日（今日）から翌々日（明後日）までを対象とする「府県天気予報」だ。耳で聞いても分かりやすいようにと、一日を三ないし六時間ごとに区切って「朝の内」「昼前」「昼過ぎ」などと表現してきた。日常的に余り使わない用語が出てきたため、在京の放送、新聞各社の担当者や日本新聞協会に意見を求めて

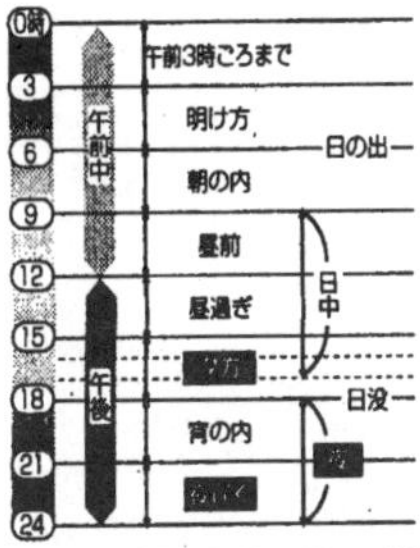

用語分かりやすく

昨年から見直し作業を進めてきた。

二十一時から二十四時までを指す「夜半前」は「夜遅く」になる。「夜半」を日常的に使うことはなく、一般にはピンと来ない言葉になったためだ。十五時から日没の「夕方前」は「夕方」に。「夕方自体が幅をもった表現。『前』をつけるのは日本語としておかしい」という指摘に答えた。「夜」はこれまでの日没から日の出までが、二十四時までに範囲が限定された。

日没から二十一時までを指す「宵の内」も、「分かりにくい」とメディア側の評判はいま一つだった。しかし、他にふさわしい言葉がなく、「宵っ張り」「宵の明星」「宵待草」など身近な言葉があったため生き残った。「ちょうど酔い始める時間でもあり、音が印象に残りやすい」という意見もあったという。

用語としてはただ一つ時刻をそのまま使っている「午前三時ごろまで」には、新聞社や通信社から「未明を使っては」という提案があった。だが、未明は「まだ夜が明け切らないころ」という意味で日の出まで入る、と採用されなかった。

'97. 4. 22
朝日新聞

ことば通信

その八　平成九年　六月

言葉の学習ノートより ①

言葉の学習の中間報告を提出してもらいました。その中から興味深いノートを紹介してみます。

> 今、東急には、上小町、大成町、櫛引町、日進町、三橋でお住まいをお探しのお客様がおります。
> 大至急！ご連絡をお待ちしております。

この広告の、「おります」の使い方に疑問を感じたノート。内容を簡単に紹介すると……

まず、買い手であるお客様に対して、「お住まいをお探しのお客様がおります」はおかしい。「いらっしゃいます」というほうがよい。一方、この広告で探しているのは、売り手。これも、お客様。両方への敬語の使い方という点から考えると、この広告の表現には疑問を感じる。

さて、売り手、買い手、広告主、それぞれの立場を考えたとき、どのように直すとすっきりするでしょうか。

おもしろそうな辞典が出ました。

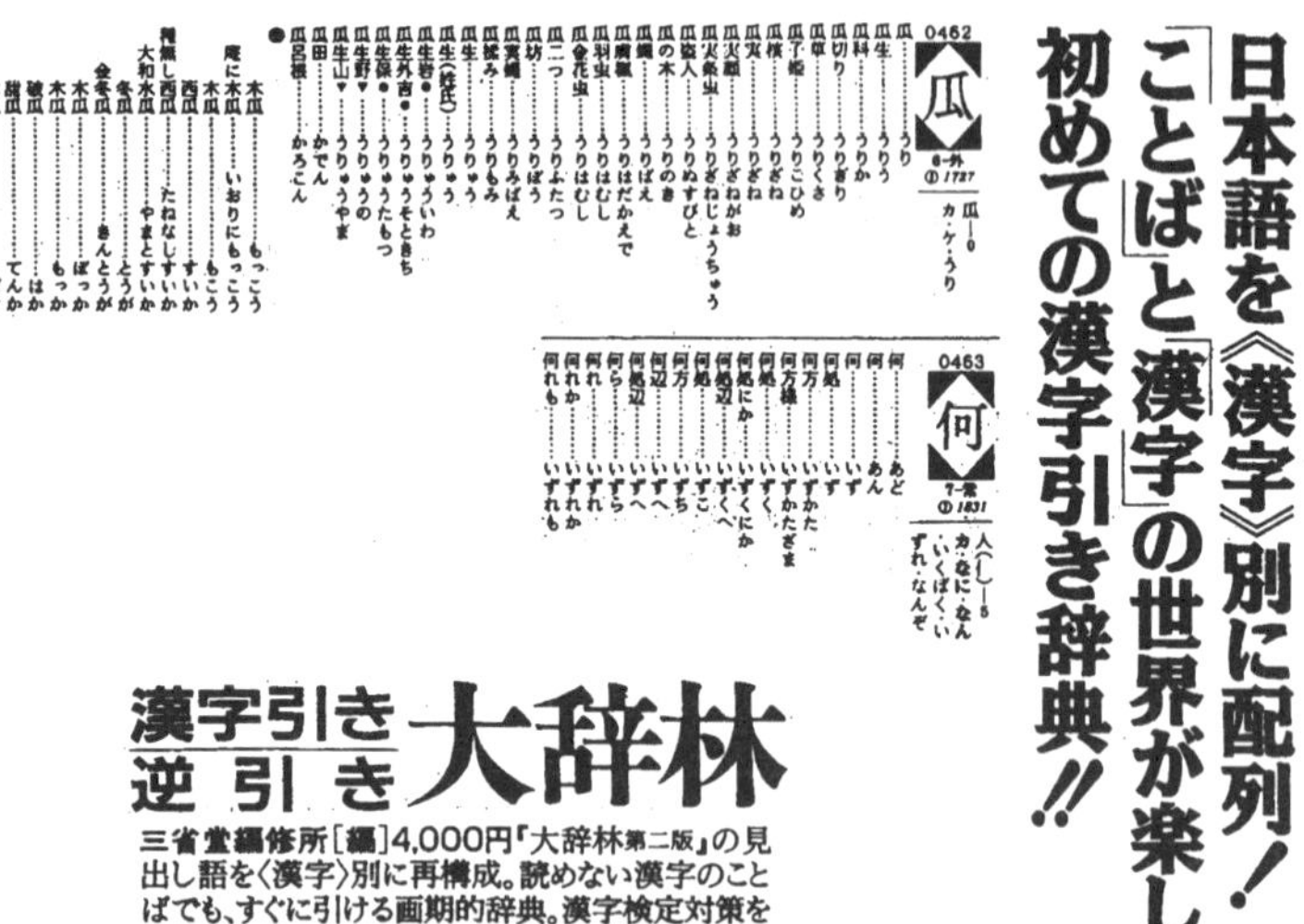

日本語を《漢字》別に配列！
「ことば」と「漢字」の世界が楽しめる
初めての漢字引き辞典!!
漢字引き
逆引き
大辞林
三省堂編修所［編］4,000円『大辞林第二版』の見出し語を〈漢字〉別に再構成。読めない漢字のことばでも、すぐに引ける画期的辞典。漢字検定対策をはじめクロスワードパズルなどのことば遊びにも、縦横に使えるマルチ検索辞典。
★内容見本送呈

ことば通信

その9　平成九年　七月

すべての人びとにフレンドリーで
うるおいあるヒューマンなオリンピックを。

カタカナ語

これも日本語？

このコピーは、六月二十五日の朝日新聞で見つけたもので、横浜オリンピックに関するものです。「オリンピック」は別として、「フレンドリー」「ヒューマン」は、なんとなく気になりませんか。いや、この言葉にあたる「日本語」はなんでしょうか。いや、これも日本語なのでしょうか。

六月八日の朝日新聞に、厚生省が「カタカナ語追放」に乗り出したという記事が掲載されました。これは、役所の公式文書に外来語がはんらんしていることを憂えて取り組まれているもので、インフォームド・コンセントやサーベイランス、プロジェクトチームなどいくつかの例が挙がっています。

そのような専門的？な言葉に限らず、わたしたちのまわりには、カタカナ語があふれていると思いませんか。外来語でなく外国語そのものをとりいれている例もあるようです。

日本語って、なんなのでしょうね。

カタカナ語の「追放」に賛成

日立市　藤原　美緒子（会社員　55歳）

ヤッター！と思った。なぜ、いままでカタカナ語に異論を唱える人がいなかったか、と不思議に思っていた。私の年代でも、カタカナ語の理解に苦しむことがある。私より上の年代の人たちは、もっと多くの人が苦しんでいると思う。

新聞などでは、前後の文章から何となく意味を読みとってはいたが、正確ではない。今度、小泉純一郎厚相の強い指示で、「カタカナ語追放」に乗りだしたとの記事を読み、思わずうれしくなったものである。

「インフォームド・コンセント」にしても、何度も新聞などで目にしているから、日本語にしなくても何となく分かるが、やはり私にとっては「説明と理解」の方が好ましい。「マニュアル」も、私自身なにげなく使う言葉だが、「手引」の方がより分かりやすい。「プロジェクトチーム」は、今まで正確な日本語はわからなかったが、今回初めて「検討班」と知った。

数えあげたらキリがないほどのカタカナ語。追放大賛成。美しい日本語があるのだから。

'97. 6. 13　朝日新聞

⑵　生徒ノート例①　目標：小説・漫画から読みの難しい漢字，おもしろい語を見つけたい。

儚い《はかない》
人の夢と書いて儚いと読む。なんだか悲しいですね。（語っている！）
木乃伊《ミイラ》
ふっふっふ……。この言葉は，これを始めた時からストックしておいたんです。今やっとそこまでいけた。（「ろろ剣」十三巻）
醸す《かもす》
醸に似た字ってたくさんあります。譲とか醸とか……。跳も挑や眺なんかありますよね。観は歓やら勧があります。
いや，どうでもいいんですけれども，これって書いてこそ言っている意味が伝わりますね。（言葉だと，「ヨウもヨウやヨウなんかが……と言うことになる。）
御浚い《おさらい》
御浚いというのか，ここまでの文章を全部読み返してみたのですか，赤面しました。私っ，いったい誰としゃべってんの！？
まあ，先生かな，とも思ったりもしたりするんですが……。なんか，完全に独り言を言っているんですね，私。
自然《じねん》
一瞬，ふりがな間違えたかな？と思いましたが，そうではありませんでした。ちゃんと辞書にものっていたりします。意味は「しぜん」と同じらしいです。
疎い《うとい》
私は本当，自分勝手な奴でして，意味をとりあえず自分で解釈することがしばしばあります。それでもってわかっていることが多い！「疎い」がそのいい例でして，全く反対の意味にしていました。
殆ど《ほとんど》
いまさら思うのですが，こうやって漫画読みながら宿題できる私って幸せだなあ。弟（中一，別の学校）を見て，つくづくそう思いました。弟からみれば，自分がめんどくさい感想文をやっているのに，となりで姉貴がいけしゃあしゃあと漫画を読んで，しかも「宿題だよ～ん」とか言っている。怒るかもしんない……。
黄泉返る《よみがえる》
そうか，黄泉から返る（帰るじゃなくて？）ことだったのか！
出鱈目《でたらめ》
なんか字もけっこう出鱈目な……。でも，何かの理由があるのだろうかな　たぶん……。

4

⑶　生徒ノート例②　目標：雨に関する語を集めたい。

・しょぼしょぼと
小雨が陰気にふりつづくさま。

（正午ごろからしょぼしょぼとふりはじめた。）
・しとしとと
雨などが音もなく静かにふるさま。

（雨はしとしとふりそそいでいた。）
・はらはらと
雨や雪が続けてふるさま。雪の一片一片，雨の一つぶ一つぶを意識している表現。
（はらはらと雪がまいおりてきた。）
In English
―drizzle（しょぼしょぼふる。）
patter（はらはらふる）
It rains cats and dogs.（雨がどしゃぶりにふる。）

＜分類してみよう＞
(a) 雨の力強さを感じさせるもの
「ザッ」「ザあっ」―一瞬の音をとらえたもの
「ザあザあ」「どしゃどしゃ」「ぴしゃぴしゃと」
(b) 軽い雨を感じさせるもの
「ぱらぱら」「ぽつぽつと」
(c) 雨に何らかの情緒を感じさせるもの
「しょぼしょぼと」「しとしとと」「はらはらと」

、雨に、意外にも力強さを感じさせるものが多かった。何か雨に支配（？）される感じがあるかな。

、(a)にはだく点が，(b)には半濁点がみられた。それぞれに強さと軽さを感じさせる。

、ふつう，同じもののくりかえしが多い擬態語（音）だが，(a)では一瞬のしょうげき（？）をとらえたものもある。

(4)　生徒ノート例③　目標：広告の宣伝文から日本語について考えたい。

今、東急には　上小町、大成町、櫛引町、日進町、三橋で
お住まいをお探しのお客様がおります。
大至急！！ご連絡をお待ちしております。

お客様が　おります。

「おります」↓自分や自分の側について いう

つまり、自分（東急）をへりくだっていうときに使う言葉。だから「お待ちしております」は、あまり変な感じがしなく落ち着く。

しかし、自分達（買い手）を「お客様」と尊敬している。買い手を尊敬しているなら「いらっしゃいます。」という言い方の方が適当に思える。

この広告で探しているのは、売り手で、それも「お客様」なのだから、「お客様がいらっしゃいます」どいう宣伝だといまいちしっくりこない。

自分でこんな分析を書いていながら、読んだ人にはうまく伝わっていないだろうと思う。それほど矛盾した宣伝文句だといえる。このようにまぎらわしい言葉はひかえた方がいいと思った。「大至急お待ちしております」という言い方もおかしい。

上小町、大成町、櫛引町、日進町、三橋でお住まいをお探しのお客様がいらっしゃいます。大至急!! 東急へご連絡ください。お待ちしております。

初めの文の東急を削ると、買い手と売り手の「お客様」の混乱が減った。これもまだまだだけど、前よりはよくなった。

No, 1
5,24

(5)　生徒ノート例④　目標：関西弁図鑑を作り関東の言葉との違いを考える。

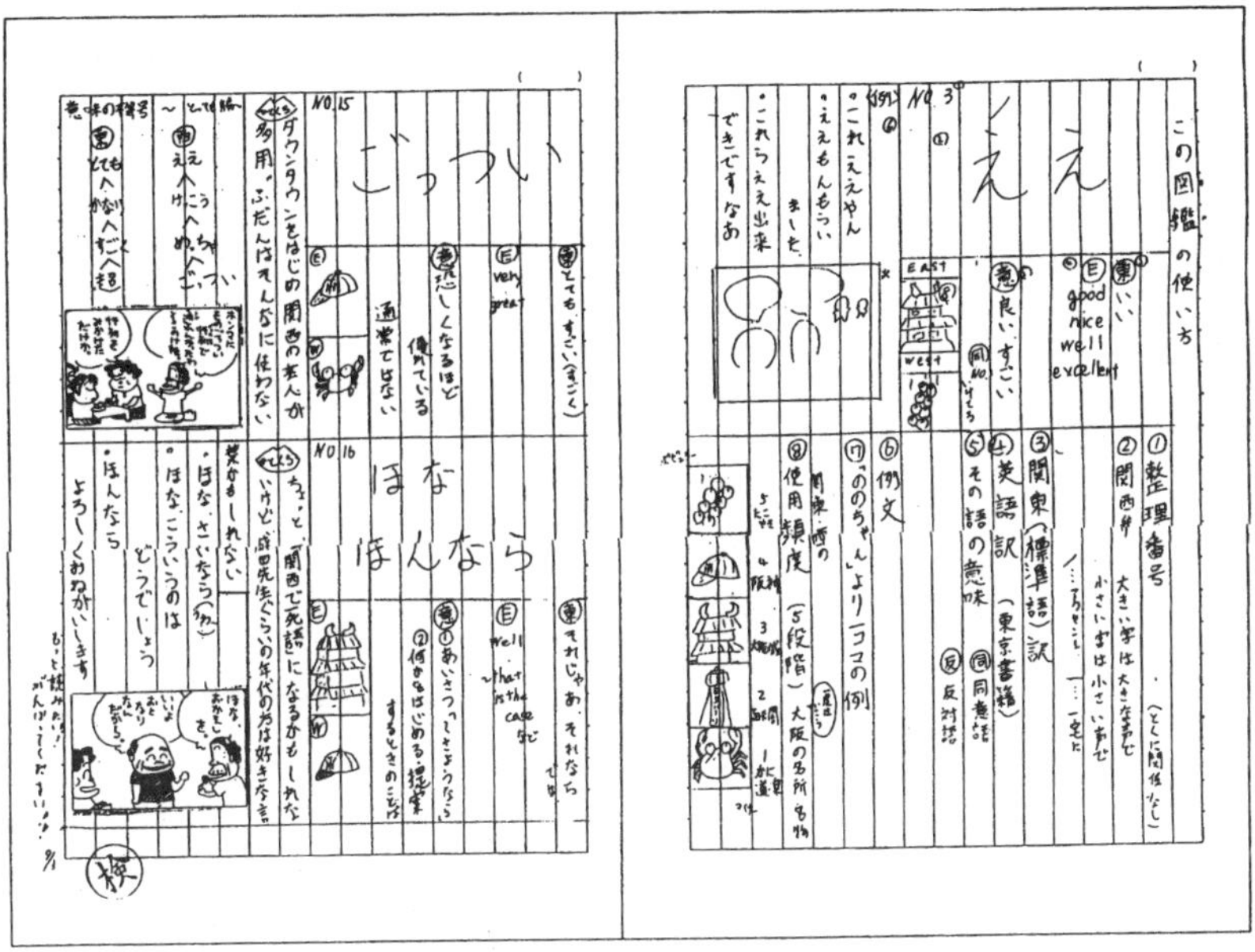

Ⅱ　日本語について考える

一　この言葉　おもしろい

――日本語の特質を考える（中学二年生）――

1　「言語事項」の指導について

一昨年から、「言葉について考えよう（中学二年生）」（本書Ⅰの二）「私の日本語発見（中学三年生）」（本書Ⅱの四）と、言葉や日本語についての指導に取り組んでいる。これは、学習指導要領（昭和五二年版）に示された国語科の目標「国語を正確に理解し表現する能力を高めるとともに、国語に対する認識を深め、言語感覚を豊かにし、国語を尊重する態度を育てる。」の中の、「国語に対する認識を深め」「国語を尊重する態度を育てる」ことをねらいとした試みである。

国語という教科は、言語の教育を行う教科である。言語というより、むしろ、日本語というほうが適切かもしれない。その点で注目したいのが、学習指導要領の「言語事項」である。その指導項目は、学習指導要領の「言語事項(1)」に六項目に分けて掲げられているが、大きくまとめると、文章論・文論・語論の文法的事項、語句・語彙に関する事項、その他の一般的事項となる。一方、教科書においては、それらの事項が項目ごとに分割され、単元の間に数ページずつ挿入されている。（本書Ⅱの四「私の日本語発見」参照）。もちろん、その項目の一つずつを時に応じて指導したり、あるいは、表現・理解の単元の中で指導することは大切である。文法のように、取り立て指導としてまとまった数時間をそれに当てることもあろう。しかし、基本的なこととして、日本語に興味を持たせたり、その美しさに気づかせたりする教材が少ないように思われる。日常の言語生活を見直させ、国語に関心を持たせるための教材がもっとあってもよいのではないだろうか。

「言語事項」の指導のねらいは、「(1)その機能を有効に発揮させることによって、表現の学習、理解の学習を確実に深化させるため。また、(2)そうした学習活動を通して、国語を正しく使う能力や態度を養うため、さらに(3)表現・理解の学習体験や取り立て指導を通して、言語・国語に関する知識・理解を深めること等」（飛田多喜雄「国語教育時評・第十一回・『言語事項』に関する実践指導の効率化の問題」・「教育科学・国語教育」No.三四三号[1]）にあるが、この中の(3)に注目したい。この「取り立て指導」として、文法、語彙などに関するものが多く試みられているのは言うまでもない。「言語事項には、種々の事項が一見、雑多に入っているゆえ、よく整理して、学習指導計画を立てる必要がある。特に取り立てて知識を得て身につけることの出来るものは、共通語と方言、敬語の使い方を初め、漢字や表記の仕方である。」（小林一仁「国語教育実践の新しい動向・第三回・〈言語事項〉の学習」・「教育科学・国語教育」No.三三三号[2]）とあることからも、取り立て指導の方向が伺える。また、現行学習指導要領（昭和五二年版）の成った頃をみても「中学校の場合、文法的事項が中核となることはありうるが、未開拓の語彙的事項の指導をなんとか系統的で充実したものにしたい。国語要説的事項の指導も忘れてはなるまい。」（八木徹夫「『言語事項』の取り立て指導」・「教育科学・国語教育」No.二四六号[3]）と述べられている。この中の「国語要説的事項」とは、話し言葉と書き言葉・共通語と方言、音声と文字、表記の仕方、敬語の使い方をさしている。しかし、このような言語事項の各項目の取り立て指導と同時に、国語（日本語）に興味を持たせるための言語事項の指導がもっと必要なのではないだろうか。

もちろん、折にふれて指導者が生徒に興味ある話題を投げかけたり、取り立て指導の導入として触れることでも行うことはできよう。しかし、生徒自身の手で日本語を探らせ、言語生活を見直させ、国語に対する認識を新たにさせる学習が、もっと確かな位置づけを持ってもよいと思う。それにより、国語に対する認識を深め、国語を尊重する生徒の育成を目ざすことができるのではないだろうか。

2　単元設定の理由と目的

今回は、第二学年を対象に「言葉を見つめよう」と題する単元を設定した。学習指導要領の第二学年の目標(4)には、「国語に関する知識を深めて表現と理解に役立てるようにさせるとともに、国語の特質について気付かせる。」とある。この「国語の特質について気付かせる」ことをねらいとした単元である。

現在使用している教科書（光村図書　昭和五六年版　国語二）では、言語に関する教材として、「言葉の力」（大岡信）「知恵子の空――言葉、その表現と理解」（渡辺実）の二つが収められている。両教材とも「言葉」について書かれたものであるため、言葉を再認識させる機会にはなったが、日本語の特質とは直接には結びつかない。「言葉の窓」では、音節の種類・漢語の組み立て、意味のひろがりの三項目が取り上げられているが、これらを教科書の流れに沿って個別に扱っていたのでは、国語の特質に「気付かせる」より、それを「学ばせる」ことになりかねない。また、年間計画では、二学期に文法の取り立て指導を予定しているため、その前に、日本語に興味・関心を持たせる単元を用意する方がよいと思われた。

昨年度は、第三学年を対象に「国語の特質を理解させる」単元を設け、日本語の特質を幅広く扱った。（本書IIの四参照）義務教育の最終段階であり、それまで学習してきた日本語の「断面」をつなぎ合わせる目的であった。三年生一学期ということで、英語との比較から日本語を見直すこともできた。今回は二年生の一学期であり、「国語の特質に気づかせる」ことがねらいである。「国語の特質は、文法の面だけに限らず、音声、文字、語彙など多くの分野にわたって見られるが、第二学年では具体的な指導の場をとらえてこれらに気付かせるようにしたい。」

（『中学校指導書　国語編』昭和五三年五月　文部省）とあるが、日常の言語生活の中から国語の特質を探らせることにより、国語を再認識させ、また、言語生活を見直させることを目指したいと考えた。

3　授業展開

(1)　学習指導計画

単元名　　言葉を見つめよう

単元の目標　・日本語の特質に気づくことができる。
・言葉あそびの面白さを発見することができる。
・日本語の特質を正しく理解することができる。

学習指導計画　（七時間扱い）

過程	時間	学習活動	指導の手だて
導入	0.5	・広告の文には、言葉あそびを用いたものが多いことを知る。 ・課題「言葉を見つめよう」を知る。	・言葉の使い方のおもしろさを知らせる。 ・言葉の使い方で、おもしろさや不思議さを感じたものを資料として集めさせる。 （二週間の期限を与え、二つ以上集めるよう指示。）
開		①集まった資料を分類する。 ②分類した結果をもとに、日本語の特質を考える。	・六人ずつのグループを作り、グループごとに資料の分類を行わせる。 ・音節と漢字についての特質を理解させる。

展	まとめ
6	0.5
③再び資料を見直し、新しい日本語の特質を見つける。 ④見つけ出した日本語の特質を、グループごとに発表する。	・学習を通しての感想をまとめる。
・再び六人ずつのグループを作り、②で扱ったもの以外の日本語の特質を見つけさせる。 ・日本語の特質をまとめる。	

(2)　**資料収集——導入——**

資料は、日常会話や身のまわりのものから集めさせることにした。記入する用紙は、次のようなものを用意した。

——言葉を見つめよう——

この□　□

（　　　）より

〈解説〉

No.

（Ｂ５版）

集めた資料について、なぜそれを取り上げたのか、その資料にどのような意味があるのかを記入する〈解説〉という欄を設けた。ただ集めるのではなく、集めたものを自分なりに見直させようとする意図である。「この□」という見出しは、「この言葉　おもしろい」「この表現　おかしい」のような形で記入させるようにした。（下の資料参）

授業で例として示したのが広告のコピー文だったためか、集まった資料も広告からのものが多く、新聞の見出しや日常会話から取り上げたものは少なかった。全部で三六九点の資料が集まった。その一部を紹介する。

①　この表現　おもしろい

子豚が大通りにトンだおさわがせ（読売新聞　五月五日の見出しより）

〈解説〉よく、豚のことをトンというし、大変なことのときに「とんだ○○」と言う。この切り抜きは、二つ目の「とんだ○○」の「とん」の部分を一つ目の「トン」にかけている。

②　この言葉　おもしろい

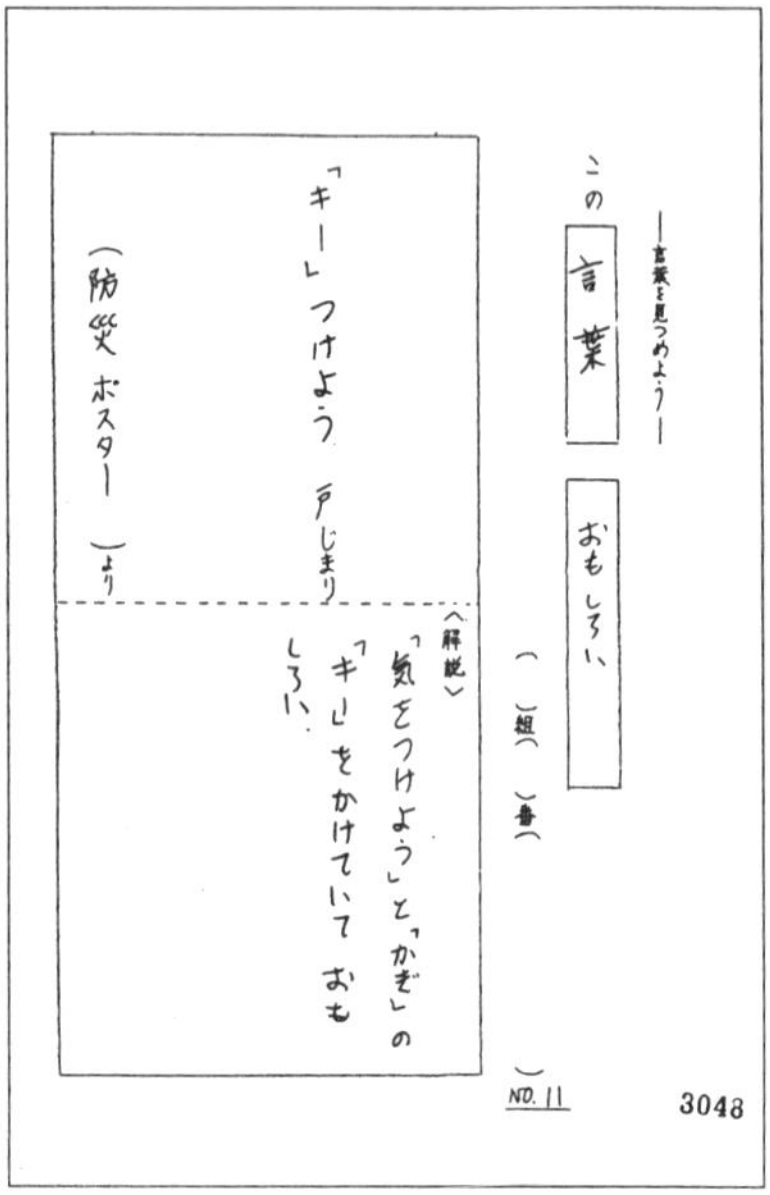

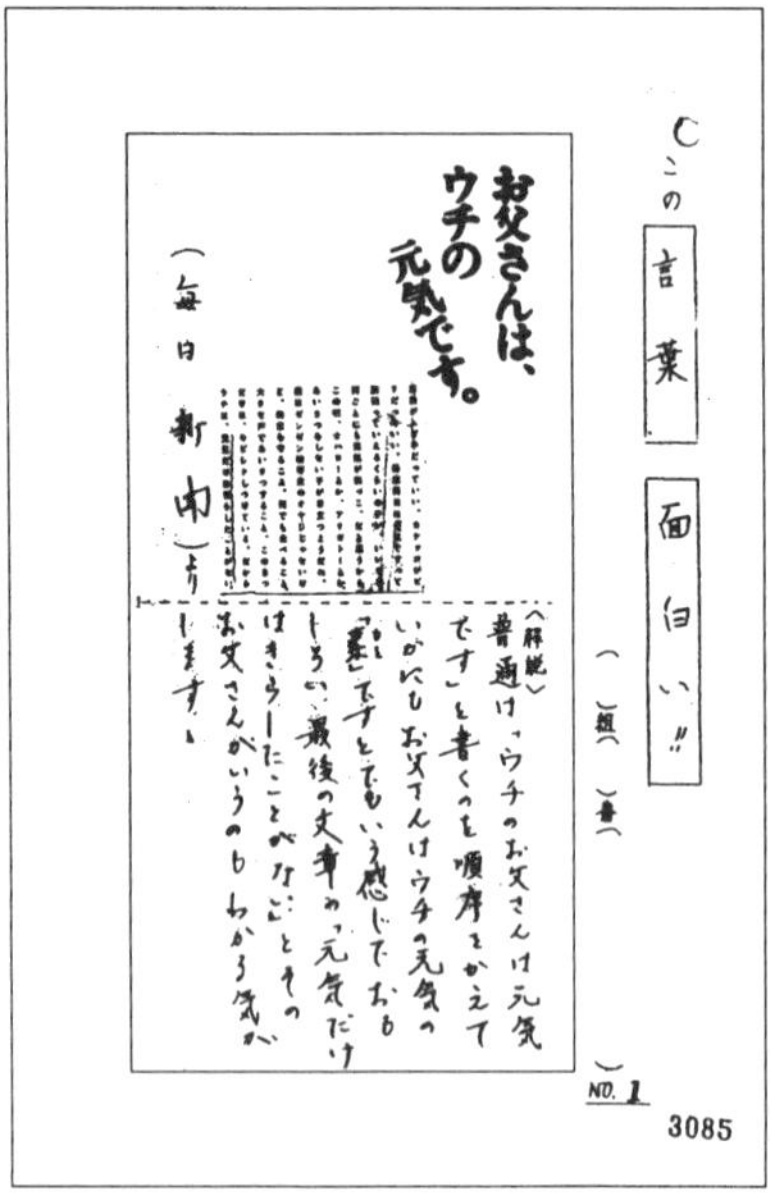

山を汚す登山者は山に登る鹿くなし鹿に叱られぬよう（旧中山道で見かけたポスターより）
〈解説〉ゴールデン・ウィークに、旧中山道を十一キロ歩いた。その途中のある山ではってあったポスターである。字のバックには鹿の絵が書いてあり、シャレなども入れて楽しいものだと思った。

③　この表現　おもしろい
「キー」つけよう戸締まり（警視庁のポスターより）
〈解説〉この文には二つの意味があると思う。それは、「かぎをかけよう」「気をつけよう」というのだと思う。一つの文で二つの意味があるのでおもしろいと思ったので、選びました。

④　この言葉　おもしろい
ふれ愛宣言（信託銀行の宣伝より）
〈解説〉「ふれあい」という漢字は「触れ合い」と書くのに、あて字で「愛」という字にすることによって、おもしろいと感じた。

⑤　この表現　すごい
聴いて、見ろ。（雑誌の広告ページより）
〈解説〉これはNECのビデオのコピーです。普通も使われる言葉だけれど、漢字の使い方によって、その文を読む人に、全く違うイメージを与えます。ビデオの映像を見ながら音を楽しむという宣伝内容をすっきりと短く覚えやすくまとめたところが、すごいと思います。

⑥　この言葉　おもしろい
美味麗句（「日本一小さな新聞」　五月一日より）
〈解説〉「美辞麗句」をもじったもの。

⑦　この言葉　おもしろい
天然浴（航空会社の宣伝より）
〈解説〉このパンフレットには、「天然浴です。北海道」と書いてあった。これは「日光浴」を変えたとわかったが、

「日光浴」というのは、健康になる方法で日にあたることと書いてあった。「天然浴」というのは、都会の窮屈な生活から、少し休んで自然となじもうという意味があると思う。広告の言葉一つにも、考えようによってはいろいろな方向に広がる。

⑧　この言葉　おもしろい

水を、洋服を、かぎを、ぼうしを、電話を、いすに、……「かける」

〈解説〉「かける」という言葉はおもしろい。前に使うもので、違う意味の使い方になってしまう。いろいろな使い方があると思った。

⑨　この言葉　おかしい

ぜんぜんおいしい（妹の言葉より）

〈解説〉このまえ家族で食事に行った時のこと。妹が「これぜんぜんおいしい。」と言ったのを思い出した。「ぜんぜんおいしくない。」なら分かるが、「ぜんぜんおいしい。」はおかしい。

⑩　この表現　おもしろい

五臓六腑が煮えくり返る（朝日新聞　四月二六日　天声人語より）

〈解説〉「民社党大会語録の出色は『五臓六腑（ぷ）が煮えくり返る』という春日発言だろう。」

怒った時に、普通は「はらわたが煮えくりかえる」というのに、この文では、もっと強調するために、はらわただけでなく五臓六腑に変えている。

(3)　資料を分類する活動——展開①

資料は、クラスごとに通し番号をつけ、各クラスを四つに分けてとじた一六分冊にし、グループで回覧しやすいようにした。

これまでの実践では、教師の側で分類を行い、いくつかの資料を抽出して授業に利用するという方法をとっていた。今回は、生徒にすべての資料を提示し、生徒の手で分析をさせてみることにした。理由としては、たくさんの資料の中から共通点や類似点を見つけ出すことが、国語の特質の発見につながるということと、また、資料を見る楽しさを味わわせたいと考えたからである。

授業は、クラスを六人ずつのグループに分け、まずグループ内の資料を検討させ、その後、分冊にした全資料を回覧しながら、次の手順で作業を進めさせた。

①　グループ内でお互いの資料を比べ、共通点を見つける。
②　見つかった共通点について、グループ以外の資料から事例を集める。

また、①の作業で共通点の見つからないグループは、

③　グループ内のそれぞれの資料を分析する。（特徴を考える。）
④　③で見出した特徴を持つ事例を、グループ以外の資料から集める。

作業を記録させるプリントは、下のような形式にした。

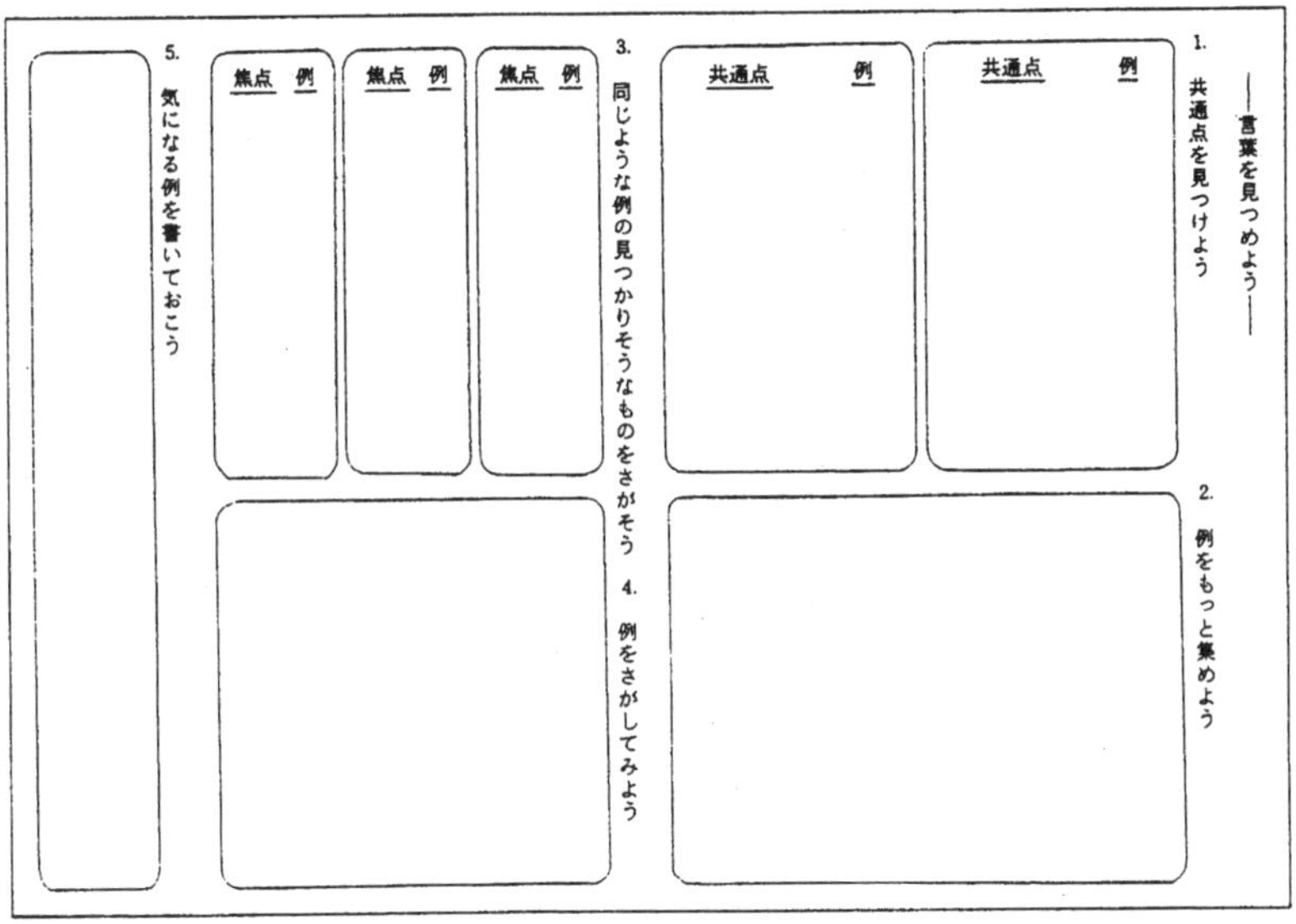

―言葉を見つめよう―
1. 共通点を見つけよう
共通点　例
共通点　例
2. 例をもっと集めよう
3. 同じような例の見つかりそうなものをさがそう
焦点　例
焦点　例
焦点　例
4. 例をさがしてみよう
5. 気になる例を書いておこう

グループでの話し合いには、一時間半をかけた。グループ内の資料に共通点のあったところは、作業が順調に進んだが、共通点がなかったグループは、先の③の資料分析を自分たちの手で行うことはやや難しく、教師が分析の話し合いに加わってヒントを与えたり、「これと同じ例を探してみよう。」と指示する必要があった。

話し合いの結果、各クラスとも、次のものが共通点として出された。

1　同音の漢字による入れ替え

（例）　糖分休業　適財適所　着たい感　ふれ愛宣言　嫌煙の仲　など

2　一つの語に二つの意味を持たせる

（例）　キーつけよう戸締まり　手にもつ（手荷物・手に持つ）　など

3　同音の繰り返しによるリズム

（例）　でっかいどお　ほっかいどう　おいしい　ヘルシー　ビタミンC　など

そこで、この1と2をもとに、日本語の特質を考えさせることにした。これらは、日本語の音節の問題に関わるものであり、また2では、「掛詞」という、日本に古くからある表現技法にふれることができると考えたからである。

(4)　**日本語の特質を考える活動――展開②〜④**

前項で示した共通点1・2をもとに、二時間にわたって日本語の特質を考えさせた。次は、この授業記録である。生徒の手元には、各自で国語辞典を用意させている。

（第一次）

T　共通点としてみんながあげてくれた中で、まず、漢字について考えていきましょう。
（資料の中から、「嫌煙の仲」「八連笑」「適財適所」「多汗期」などを板書し、本来の漢字を手元の辞書で調べさせる。）

こういうことから、漢字のどういう性格や特徴がわかりますか。
S　（互いに話し合う。）
S　一つの読みで、たくさんの漢字が作れるということがわかります。
T　作ったわけではないですね。言い方を変えると、同じ音の漢字が多いのですね。
S　漢字の一つ一つが意味を持っているので、一つでも違うと熟語の意味が変わってしまう。
S　（辞書の「漢字」の項を読む）「本来中国語を表記するものとして漢民族の間で用いられてきた文字。表意的用法が主。」と書いてあります。
T　今読んだ中に、漢字の特徴として大事なことがありました。どれだと思いますか。
S　表意的用法です。
T　「表意的」とはどういうことですか。
S　（辞書の「表意」の項を読む）一字一字が単語の意味を表すことを原則とする文字。
T　そうすると、今読んだことは、さっき出たうちの誰の意見と同じでしょうか。
S　H君です。
T　そうです。H君の言った、漢字は一つ一つが意味を持っているということが、大事なことなのですね。漢字の表意性といいます。今、辞書で読んでくれましたね。なにか他のものと比べてみるといいでしょう。例えば、一つ一つが意味を持っていないものには、どのようなものがありますか。
S　平仮名があります。
T　（表意文字と表音文字の違いを説明し、ローマ字も表音文字であることをつけ加える。）

S　①漢字は表意文字である、これが特徴です。もう一つ、大事な特徴は、最初に出た、同音の漢字が多いということです。では、なぜ漢字には同じ音のものがあるのかということを追究しましょう。

S　（意見なし）

T　違う観点から見てみましょう。漢字のこと以外の共通点が見つかったグループはありますか。

S　一つの言葉で二つの意味を表すものがありました。「キーつけよう戸締まり」と「手にもつ」と「お探しのきょうがみつかります」です。

S　（それぞれの例は、どのような意味が掛けられているか考える。）

T　一つの言葉で二つの意味を兼ねています。こういうのは、新しい方法ではありません。日本に古くからあるのです。何というか知っていますか。

S　（意見なし）

T　「掛詞」といいます。（「蛍の光」などをもとに、掛詞を説明する。）次の授業では、なぜこのようなことが出来るのかということを考えましょう。

（第二次）

T　前回の授業では、漢字の二つの特徴と、掛詞について勉強しました。この両方の特徴に共通していることがあります。きょうは、それを考えましょう。

S　（互いに話し合う。）

S　同じ音の漢字があるということは、同じ音で二つの意味のものがあるのと同じです。

T　そうですね。前回は、漢字の特徴のうち、表意性ということについて勉強しましたが、きょうは、同音の漢字があるということを問題にしましょう。②同じ音でいくつも漢字があったり、同じ音の組み合わせで、二つの意味の言葉が出来たりするのはどうしてでしょう。今日の大事なところは、ここです。

S　（話し合う。）

T　辞書を使ってもいいし、教科書を見てもいいですよ。考えましょう。

S　（話し合う。）

S　日本語は五十音しかないから、組み合わせがなくて、同じものが出てくるのだと思います。

T　そうですね。何回も同じものが出てくるのは、もとのものが少ないからなのです。今、五十音といいましたが、日本語は五十音しかないのかな。

S　五十一音かな……。

T　さて、それでは、日本語の音の数を数えてください。ノートに書きながら数えること。「音」というのは、正しくは「音節」のことです。辞書で「音節」という項をひいてみましょう。

（生徒が考えを出し合いながら日本語の音節を数えたあと、教科書の「音節の種類」（言葉の窓）を読ませる。）

――線①の発問に対し、何らかの反応があったのは、四クラス中一クラスであった。指導する側としても、ここで日本語の音節の問題を扱うことは無理だと予想していたので、問題提起にとどめ、次の掛詞の学習のあと、両者にかかわる日本語の特質として、音節の学習に入る計画であった。

――線②の発問に対し、このクラスでは「日本語は五十音しかないから」という考え方が出されたが、他のクラスでは、「平仮名が五十いくつしかないから」という考え方が出ている。いずれも「五十音」ということから出たものであろう。

この授業のあと、再び六人ずつのグループを作り、授業で扱ったもの以外の特質を資料から探させることにした。「この資料からこんなことが言えます。」という形で記入させる、次頁下のプリントを用意した。日本語についてでも、言葉についてでもよいことにし、全資料を見直させた。

一つ一つの資料の意味やおもしろさは理解できても、そこから日本語の特質を見つけ出すのはやや難しく、一緒に資料を見ながら助言するよう努めた。

グループでの作業を一時間行った後、発表させたが、次のようなものが出された。

○　こころのてっぺん、ふっかふか

言葉は、同じ表現をくり返すことによって、ある状態を表す。また、間に「っ」を入れて意味を強めることができる。

○　空気は緑

言葉には、そのものの持つイメージがある。

○　情熱発電所

言葉は、一つ一つに意味があり、つなげると別の言葉になる。

○　美味麗句

日本語は、同音語も多いが類音語も多い。

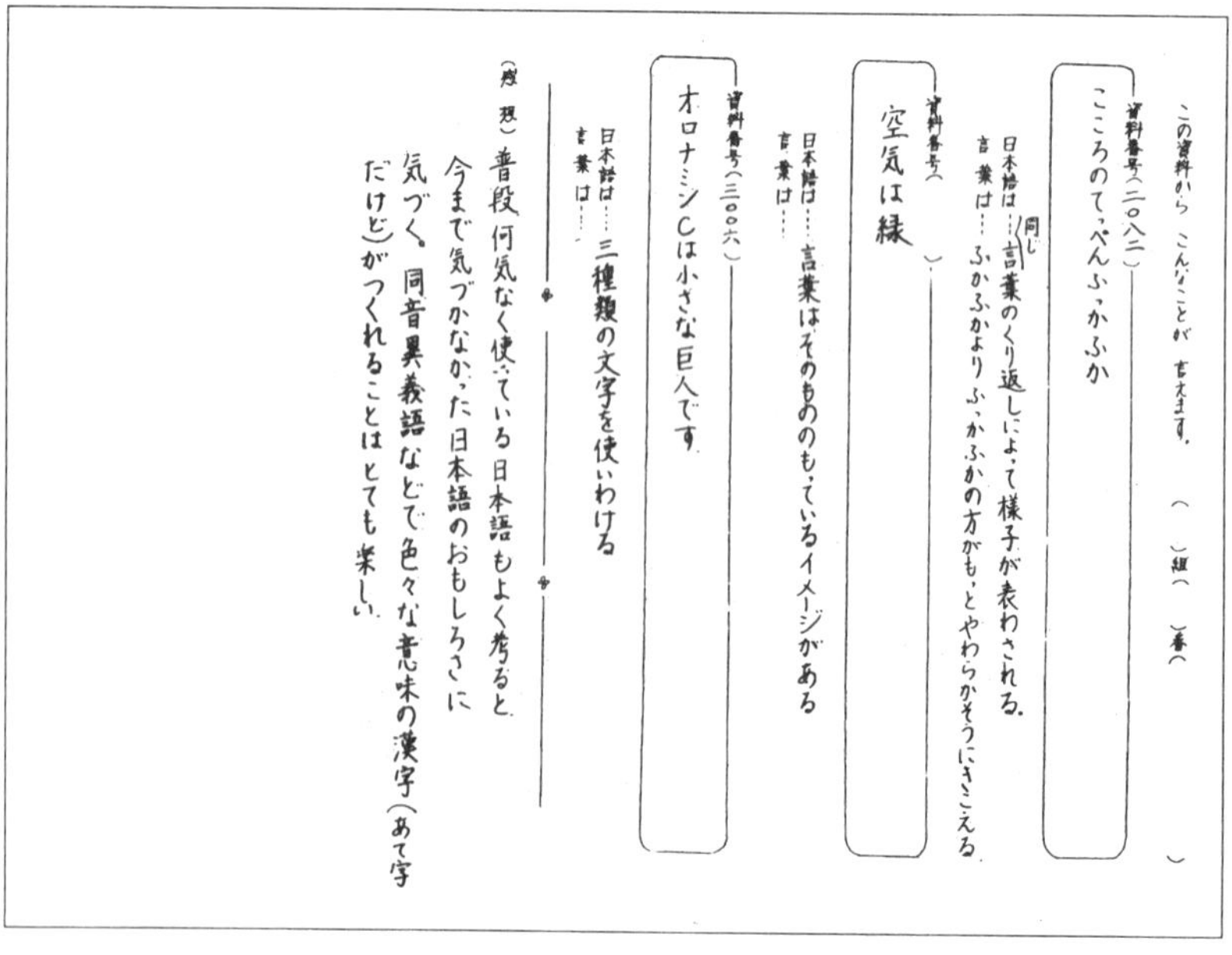

この資料から　こんなことが　言えます。　（　）組（　）番（　）

資料番号（二〇八二）
こころのてっぺんふっかふか
日本語は……同じ言葉のくり返しによって様子が表わされる。
言葉は……ふかふかよりふっかふかの方がもっとやわらかそうにきこえる

資料番号（　）
空気は緑
日本語は……
言葉は……言葉はそのもののもっているイメージがある

資料番号（三〇〇六）
オロナミンCは小さな巨人です
日本語は……三種類の文字を使いわける
言葉は……

（感想）普段何気なく使っている日本語もよく考ると今まで気づかなかった日本語のおもしろさに気づく。同音異義語などで色々な意味の漢字（あて字だけど）がつくれることはとても楽しい。

○　わァ、輪、ワー

日本語は、平仮名と片仮名と漢字の、三種類の文字を使う。

○　お父さんはうちの元気です。

日本語は、語順が比較的自由である。英語は、語順を変えたら意味がわからない。

○　水を、洋服を、かぎを、ぼうしを、電話を、いすに、……かける

日本語は、目的語が違っても、同じ「かける」が使える。

○　ぜんぜんおいしい

日本語は、本来と全く違った使い方をする時もある。

○　クルマっぷり　ロマンてきな夜

日本語は、新しく言葉を作ることができる。しかし、その言葉の意味がわかるかどうかは別問題である。

4　考察と今後の課題

授業後の感想で、ほとんどの生徒が、「こんな身近にある言葉にこれだけの特徴があったので、ちょっと驚いた。」「日本語がこんなにおもしろいものとは思わなかった。」と述べている。日本語を再認識する機会を与えることが出来たと言ってよいであろう。また、生徒自身の手で日本語を探らせたいという考えから、資料の分類をグループに分かれて行わせたが、これも興味深かったようである。「自分達で探してきたものを授業で使ったから、授業がおもしろかった。」「調べていて、見つけるのも、他人から学ぶのも楽しく、積極的に出来ると思います。」などの感想にそれがうかがえる。

しかし、国語の特質の深め方が足りなかった気がする。国語の特質としてもっと多くのものが見い出せたのでは

ないかと思う。これには、資料の内容が関わってくる。広告のコピー文と、言葉の「おもしろさ」に注目したものが多かったため、掛詞や、同音語・類音語など、言葉あそびの資料に片寄っていた。そのため、同音の漢字の入れかえによる事例などは数多く集めることが出来たが、内容の広がりの点では不充分であった。資料の集め方の指導を考える必要があるであろう。

今後の課題としては、まず、国語の特質をどの程度まで扱うかという問題がある。生徒の興味の持てる範囲で、かつ、生徒自身の手で探ることの出来るものが望ましいと思う。国語学的に深める必要はないが、日本語を再認識させるための、学年に応じた扱いが考えられなければならないであろう。

また、このような活動の継続の問題である。この単元だけで日本語を考えることが終わってしまったのでは意味がない。今回は、文法の取り立て指導を次の学習に予定し、日本語の規則性の発見という形での持続もできたが、日本語に対して持った興味・関心が、何らかの形でこれからの活動に生かされる必要があろう。「こういうことをしてからなんとなく『日本語』が前よりも身近なものになった気がする。」という生徒の声を、大切にしていきたい。

国語という教科の中で、日本語そのものを学習することにより、国語に対する認識を深め、国語を正しく使おうとする生徒を育てていきたいと思う。そのためにも、さらに「言語事項」についての研究を深めていきたいと考えている。

引用文献

注１　明治図書　昭和六〇年二月刊　九二頁
注２　明治図書　昭和五九年六月刊　一一六頁
注３　明治図書　昭和五三年四月刊　一五頁

二　「若者言葉も正しい日本語である」
――ディベートの試み（中学二年生）――

はじめに

話し合いの方法の一つとして、ディベートが取り入れられて久しい。しかし、論題を考えるとき、「国語」としてのテーマが少ないように思う。ディベートの方法を国語科として指導すると同時に、その論題も国語に関係したものにしたい。国語の中でも、言葉に関する問題でディベートをすることにより、日常の言語生活をふりかえるきっかけにしたい。そんな思いが、この実践となった。

1　単元ができるまで

(1)　ディベートへの取り組みの背景

現任校では、帰国生徒と一般生徒の相互交流の取り組みとして、一九九〇（平成二）年からディベートを行っている。第三学年で最初に行ったが、相互交流の効果が大きいことが注目され、全校での取り組みへと発展していった。ディベートの方法などについては、各学年担任が指導にあたっている。

一九九三（平成五）年十一月に、「帰国生と一般生の相互交流をめざす教育方法の研究――帰国生の発言力を生かすディベートの研究――」というテーマで研究協議会を行った。私の所属していた第二学年は、担任五人で一年次からディベート実践への研究を積み上げており、教科の内容をテーマにして公開ディベートを行った。
そのときのディベートについて、論題の決定から事前・事後指導までの様子を報告する。

(2)　論題の決定

一九九三（平成五）年六月八日、第十九期国語審議会の最終報告が出され、言葉の「乱れ」「ゆれ」が問題となった。国語審議会で取り上げられた問題のうち、「マジ」「ウッソー」「……トカ」などの「若者言葉」や、「見れる」「出れない」などの「ら抜き言葉」は、まさしく、中学生の日常の言葉遣いそのものである。しかし、中学生自身が日頃の言葉遣いの「乱れ」を意識することはほとんどないといってよい。しかも、「ら抜き言葉」にいたっては、「ら抜き」であることを意識せずに、というより知らずに使っている生徒もいるというのが実態である。

国語審議会の最終報告をきっかけに、新聞などで、現代の言葉遣いについての問題やそれに対するさまざまな意見が採り上げられるようになった。そこで、これらの情報に目を向けさせ、自分たちを取り巻く言語環境を見直させると共に、「言葉」についての認識を新たにさせたいと考え、言葉遣いを題材にしたディベートを試みることにした。論題は、「『若者言葉』も正しい日本語である」と設定した。日本語全般の「乱れ」「ゆれ」を扱うのではなく、身近な言語生活を見直させたいという意図から「若者言葉」に限定したが、生徒が日常よく使う「ら抜き言葉」も扱うことにした。また、「正しい」という語を論題の中に入れたのは、日本語のあるべき姿とはなにかを考えさせたいという意図からである。

(3)　班編成とディベートのフォーマット

班は、男女合わせて五人で編成する。研究協議会に向けて国語・社会・数学・体育の四つのディベートが同時に進行するため、国語のディベートに取り組むのは、八つの班である。ただし、一学期の事前学習やそれに関係する課題（3の(1)参照）は、国語の授業として全員を対象に行った。

なお、学年全体の取り組みとなるため、ディベートの準備には、学活や道徳の時間を当てた。

フォーマットは、次の通りである。

肯定側立論	三分
否定側立論	三分
（作戦タイム）	二分
否定側反対尋問	五分
肯定側反対尋問	五分
（作戦タイム）	二分
肯定側・否定側　反論スピーチ	各人一分
（作戦タイム）	一分
否定側最終弁論	二分
肯定側最終弁論	二分
	（合計三十五分）

この中の「反論スピーチ」は、立論や反対尋問の中での応答をもとに、ディベーター全員がそれぞれ主張を述べるものである。学年の取り組みとして、この形式を取っている。

2　単元の構成

(1)　単元のねらい

1　論点を的確にとらえ、効果的な話し合いをすることができる。
2　言葉の問題について、いろいろな見方・考え方ができることを知る。

今回のディベートは、二年生にとって三回目の経験となるため、その方法は理解されている。しかし、それまでのディベートでは、立論は事前に十分検討されているものの、反対尋問が効果的に行われていない感が強かった。そこで、今回は、反対尋問の場をいかに有効に活用させるかを重点に指導したいと考えた。これが、ねらいの1にあたる。

さらに、ディベーターだけでなく、判定者として参加した生徒にも、言葉に関するいろいろな見方を学ばせたいと考えた。このディベートに先立ち、課題として、若者言葉を含めた最近の言葉遣いに対して、肯定・否定の両方の立場からの意見をまとめさせている。ディベートを参観することにより、その考え方をさらに深め、あるいは、新しい視点に気づかせることもねらいとした。これが、ねらいの2にあたる。

(2)　この単元で育てたい力

1　論点を的確にとらえ、効果的に議論を進める力

ディベートの中で、反対尋問は、相手側の立論の論点を押さえたうえで、それを崩すべく効果的な質問をしなけ

ればならない。そのためには、準備の段階で、論題に対するさまざまな切り込み方ができている必要がある。自らの立場の立論を考えると同時に、相手側の立論を予想することも必要になってくる。そして、それをもとに反対尋問や、尋問のための資料を用意していくことは、同時に、自らの立論を見直すことにもなる。

そこで、今回のディベートでは、相手側の立論を予想し、それに対する反対尋問を考えるという準備をさせた。この学習を通して、論点を的確にとらえ、効果的に議論を進める力を育てたい。

2　資料を活用する力

夏休みの課題として全員が言葉遣いや若者言葉に関しての資料収集（3の(1)参照）をしているため、多くの資料が集まっている。自らの立場に有効な資料を選び、議論への生かし方を考えさせることにより、効果的に資料を活用する力を育てたい。

3　指導の実際

(1)　事前学習

1　一学期末の授業において、第十九期国語審議会の最終報告の記事（一九九三年六月九日　朝日新聞朝刊）（P.122資料参）を配布し、それを読んで各自の意見を書かせる。

2　夏休みの課題として次のようなテーマを与える。

「国語審議会で問題になっている『若者言葉』あるいは最近の言葉遣いについての資料を三点以上集め、私たちを取り巻く言語環境について考えよう。」

方法としては、新聞・雑誌・書物などから資料を集め、それをもとに、「若者言葉」、あるいは最近の言葉遣いについて、肯定的な見方と否定的な見方の両方から自分の意見をまとめる。

2については、国語審議会の最終報告を受けての特集的な新聞記事だけでなく、日本語について書かれた書物から、日本語の変化についての意見を読んだ生徒も多く見られた。また、雑誌や漫画などから、若者言葉や「ら抜き言葉」の具体例を集めてきた生徒も多くいた。

(2)　ディベートに向けての準備

「2　(2)　この単元で育てたい力」で述べた、相手側の立論の予想、それをもとにした反対尋問の想定、さらに資料の活用のために、次のような手順でディベートの準備を進めた。

ここでは、論題「若者言葉も正しい日本語である」に対する肯定側の班の活動を例に、その様子をたどってみる。

（P.106資料参）

①　立論を考える

立論の中で述べたいことを箇条書きにする。その中で特に強調したいものはどれか考える。

ディベートへの準備　その1

——立論を考えよう——

①　言葉は一つの文化であるから、文化が時代とともに変化するのは当然である。

---

②　一般的に使われてしまっている東京方言に従う必要はない。
③　若者言葉も一つの「方言」として考えれば何も問題はない。
④　友達とのコミュニケーションをとるのにいい。
⑤　使いやすく感情がこもる（リズムなど）。

強調したいものは、①である。

②　立論の裏付けとしての資料の活用を考える

立論に対して、裏付けとなる資料の活用を考える。特に活用したい資料やディベートのとき掲示したい資料の選択と、その提示の方法を考える。

資料としては、夏休みの課題で集まった資料やレポートの全員分を、自由に閲覧させた。班によっては、言葉についての考え方を外国と比較しようと、三年生の帰国生や隣接する高校の帰国生にインタビューをしたり、あるいは同級生を対象に言葉遣いについてのアンケートを行ったりするところもあった。

ディベートへの準備　その2
——立論の裏付けとして資料を準備しよう——
立論①の資料　毎日新聞　「若者ワードウォッチング」（その4）
立論②の資料　毎日新聞　「日曜論争」
立論③の資料　毎日新聞　「日曜論争」

資料活用を目的とした事前準備プリント

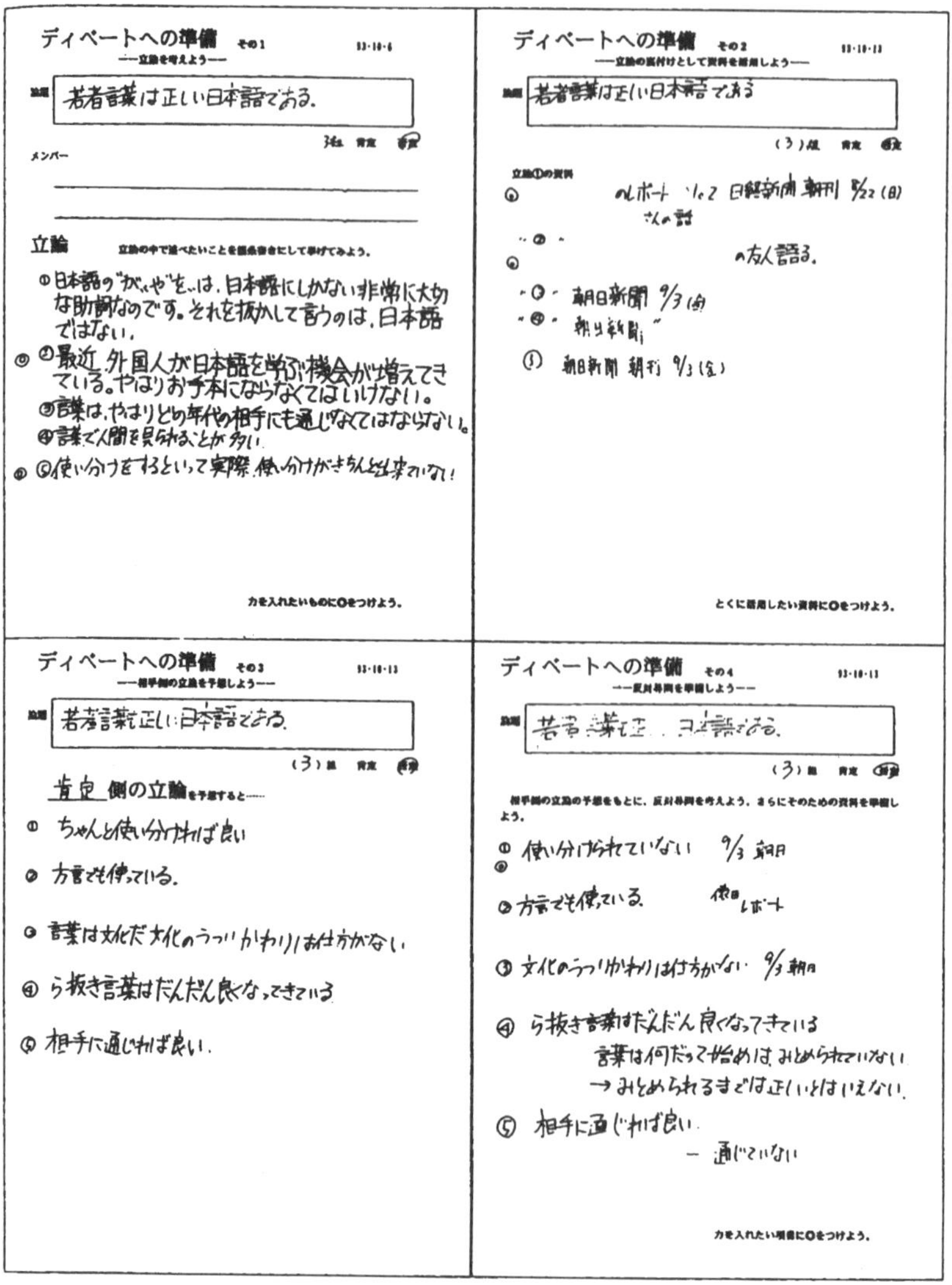

ディベートへの準備　その1　93・10・6
――立論を考えよう――
論題　若者言葉は正しい日本語である。
3組　肯定　否定
メンバー
立論　立論の中で述べたいことを箇条書きにして挙げてみよう。
①日本語の"が"、"や"を、"は、日本語にしかない非常に大切な助詞なのです。それを抜かして言うのは、日本語ではない。
◎ ②最近、外国人が日本語を学ぶ機会が増えてきている。やはりお手本にならなくてはいけない。
③言葉は、やはりどの年代の相手にも通じなくてはならない。
④言葉で人間を見られることが多い。
◎ ⑤使い分けをするといって実際、使い分けがきちんと出来ていない!
力を入れたいものに◎をつけよう。

ディベートへの準備　その2　93・10・13
――立論の裏付けとして資料を活用しよう――
論題　若者言葉は正しい日本語である
（3）組　肯定　否定
立論①の資料
◎　のレポート　1、2　日経新聞　朝刊　8/22（日）
さんの話
〃②〃
◎　の友人語る。
〃③〃　朝日新聞　9/3（金）
〃④〃　朝日新聞〃
⑤　朝日新聞　朝刊　9/3（金）
とくに活用したい資料に◎をつけよう。

ディベートへの準備　その3　93・10・13
――相手側の立論を予想しよう――
論題　若者言葉は正しい日本語である。
（3）組　肯定　否定
肯定　側の立論を予想すると……
①　ちゃんと使い分ければ良い
②　方言でも使っている。
③　言葉は文化だ　文化のうつりかわりはしかたがない
④　ら抜き言葉はだんだん良くなってきている
⑤　相手に通じれば良い。

ディベートへの準備　その4　93・10・13
――反対尋問を準備しよう――
論題　若者言葉は正しい日本語である。
（3）組　肯定　否定
相手側の立論の予想をもとに、反対尋問を考えよう。さらにそのための資料を準備しよう。
①◎　使い分けられていない　9/3 朝日
②　方言でも使っている。　（　　）のレポート
③　文化のうつりかわりはしかたがない　9/3 朝日
④　ら抜き言葉はだんだん良くなってきている
言葉は何だって始めは、みとめられていない
→みとめられるまでは正しいとはいえない。
⑤　相手に通じれば良い。
―通じていない
力を入れたい項目に◎をつけよう。

③　**相手側の立論を予想する**

違う立場に立った立論を考え、①で考えた立論を再検討する。

ディベートへの準備　その3

――相手側の立論を予想しよう――

①　日本語を覚えたての外国人が日本にきて若者と話をしたとき、わけの分からない言葉を言われて戸惑うと思う。

②　日本の伝統と文化を大切にしなければいけない。

③　言葉遣いでどんな人か見られてしまうことがある。

④　どんな相手にも通じる言葉遣いをしなければならない。

④　**相手側の立論の予想をもとに、反対尋問を考える**

これも③と同じく、①で考えた立論の再検討に結びつく活動である。反対尋問のための資料も準備させる。

ディベートへの準備　その4

――反対尋問を準備しよう――

①　外国人には、時代とともに作られた今使っている日本語をわかってもらった方がいいと思う。あまり丁寧すぎる言葉も変だ。

②　伝統を大切にといっても、昔使われていた「～候」などの言葉も大切にしなければいけないはずなのにそれを使っ

ていない。

③　どんな相手にも通じなければならないといっても、方言などは通じない相手がたくさんいると思う。

(3)　ディベートの実際

八つの班による四種類の対戦が行われたが、立論だけをみても、それぞれに特徴がある。立論が異なれば、当然その後の展開も異なる。ここでは、そのうちの一つをとりあげ、どのようなディベートが展開されたかを紹介したい。

また、中学生がこの問題をどのように捉えたかを示すため、立論についてだけではあるが、別の対戦の例も付記する。

①　立論

――肯定側　立論の論旨――

1　言葉は一つの文化である。

文化はその時代を象徴するもので、変化していく。文化は変化して当然なので「言葉」という文化も変化してかまわない。

2　若者言葉は一つの方言である。

同じ英語でも、イギリス、アメリカ、オーストラリアで微妙に異なるように、日本でも各地に方言がある。

「方言」というと一般に地方で分けるが、これを年齢層で分けてみると、若者の方言が若者言葉ということができる。

3　若者言葉は仲間同士のコミュニケーションを深める。

本などに掲載されている若者言葉の中には、我々若者にさえ通じないようなものもたくさんあるが、仲間同士で気楽に使えて、友達との親しみを深めるためにはとても重要なものである。友達との絆を結ぶには、自分たちの言葉だけで話したりするほうが楽しくてよい。

4　「ら抜き言葉」は言いやすいし、使いやすい。

「ら抜き言葉」は言いやすくて使いやすく、かえって相手に伝えやすい。

‖否定側　立論の論旨‖

1　若者言葉は具体的でない。

「超」「めちゃ」等の言葉を使って話すが、「超かっこいい」などの「超」は具体的にどのようにかっこいいのかはわからない。

2　若者言葉の中には文法的な誤りがあるものがある。

例えば「全然楽しい」などがそれにあたる。このような言葉を使っていると、そのうちそれが普通になってしまい、大事な作文、レポート、大人になれば書類などに、誤ったものを書いてしまう。

3　若者言葉の中には、公に認められていないものもある。

「超」「めちゃ」「おに」などの若者言葉は、まだ市民権を得ていない、つまり公に認められていないので、正しい日本語とは言えない。

4　若者言葉への慣れにより、場面に合わせた言葉遣いができなくなる。

5

普段、若者言葉を友達同士で使っていると、注意していても、目上に人などに話すとき若者言葉が出てきてしまう。先日テレビで国語審議会のニュースを伝えた時、アナウンサーが、わざと若者言葉を使って話したが、快く聞こえなかった。

「ら抜き言葉」が気になるということは、正しい日本語といえないからである。

「ら抜き言葉」はもう直しようがないというが、国語の授業で勉強し、夏の課題で調べた後、友達と話をしていると、「けれるじゃなくてけられるでしょ。」などと、言われることがある。これは「ら抜き言葉」が気にかかるということであり、それはつまり、「ら抜き言葉」は正しい日本語であるとは言えないからではないだろうか。

肯定側は、まず、言葉を「文化」という観点からとらえ、その変化を肯定している。次に、若者言葉を「方言」という観点からとらえたときの存在意義を述べているが、方言を地域による違いでなく年齢による違いとしてとらえる見方を提示している。さらに、若者言葉を使う世代としての経験から、若者言葉の利点ともいうべきものを述べている。広い観点から身近な観点へと整理した立論といえる。しかし、「変化」というとらえ方、また、「方言」としてのとらえ方など、反論の余地がある。

これに対し否定側は、まず、若者言葉のあいまいさ、文法的な誤りという点を挙げている。それに加え、公に認められていない言葉もあることを指摘している。そして、これらの言葉への慣れにより、場面による使い分けができなくなってくることを危惧している。若者言葉そのものについての問題点の指摘から立論を構成しているといえる。しかし、「公」が認めるといっても、この場合の「公」とは具体的に何を指すのか、また、使い分けができなくなるという危惧は危惧でしかないかもしれないなど、反論の余地がある。

②　否定側反対尋問と肯定側応答

尋問1　立論で、若者言葉は市民権を得ていない、公に認められていないと言ったが、それについて肯定側はどう考えるか。
応答1　辞書に載っているのは、公に認められている言葉と考えられる。朝日新聞に「まじ」が若者言葉といわれていたが、辞書によっては「まじ」が載っている。これは、認められているということを意味する。
尋問2　肯定側は、若者言葉は仲間同士でコミュニケーションをとるのに大切だといったが、目上の人と話をするときにそれが出てきてしまうのではないか。
応答2　友達同士で「超かっこいいじゃん。」といっても、先生には言わない。そう簡単には目上の人には使わないものである。目上の人には丁寧語を使い、友達同士では若者言葉を使えばいい。
尋問3　肯定側の立論で、若者言葉は一つの方言といったが、方言はどこからどこまでと地域が区切られている。では、若者言葉は年齢で言うと、どこからどこまでの年齢層が使っているのか。
応答3　人によって「若者」の考えかたが違う。
尋問4　それは、若者言葉が安定しないことのあらわれではないか。
応答4　年齢ではっきり区切れなくても、若者といえば大体どんな人かわかる。
尋問5　「ら抜き言葉」も正しい日本語とされた場合、「ら抜き言葉」とそうでない言い方がダブってしまうが、それについてはどう考えるか。
応答5　これから何年かたつうちに、使いやすさの点から、どちらかが消えて、どちらか、たぶん、「ら抜き言葉」の方が残ると思う。言葉は変化すると立論で述べたが、それが変化だと思う。

否定側は、尋問1で、否定側の強調したい点「公に認められていない」について意見を求め、次に、尋問2で双方のとらえ方の違い、「使い分けができなくなる――コミュニケーションに大事」について問い、さらに、尋問3

で、立論の「若者言葉は方言」に対する疑問へと進めている。双方の立論を対照して尋問を重ねていることがわかる。

肯定側の応答は、尋問1については、「辞書に載る」ことが「認められる」ことという考え方を出したが、これに対し否定側としては、さらに「辞書での採り上げられ方」について尋問を重ねていくと議論が深まったと思われる。尋問3については、若者の定義だけでなく、方言としてのとらえ方の是非まで問いたい。尋問5については、肯定側が、立論の中の言葉の変化を強調する結果となった。肯定側にとっては、反対尋問を自説に有利に生かしたわけである。

③　肯定側反対尋問と否定側応答

尋問1　立論で、ニュースを伝えるとき若者言葉を使っていたが気持ちがよくなかったといったが、若者言葉を方言と考えたとき、公共放送では共通語を使うべきだと思うので、そのような場で若者言葉を使うことのほうが間違っていると思うが、どうか。

応答1　答えになるかどうかわからないが、アンケートで、若者言葉が「気にならない人」が七五・七%、「気になる人」が二四・三%であった。数字の上では気にならない人の方が多いが、気になる人が少しでもいるということは、注目すべきことだと思う。

尋問2　そのアンケートは誰を対象にしたものか。また、「気にならない人」が七五・七%いるということも認めるべきではないのか。いやだと思う人がいるからといって、それをいけないことだとするのはおかしいのではないか。

応答2　このアンケート結果は、読売新聞に載っていたものである。正しいということは、みんなが使うということであり、正しい言葉は、だれもが快く感じなければならない。なぜなら全員が一般に使うわけだから。そう考えると、若者言葉が正しい日本語とした場合、不快に感じる人が二四・三%いるのは、おかしいといえる。

尋問3　例えば、敬語を使うのがいやであるという人がいるとする。その場合、先の考え方でいくと、それをいやであるという人がいるなら使ってはいけないということになるが、そのことについてはどうか。
応答3　敬語は日本語の中で正しい位置付けがなされている。それを例に論議するのは、この論題からはずれている。
尋問4　立論で、「若者言葉」の「超」などは程度がわからないといったが、「超かっこいい」を「とてもかっこいい」というと、程度がわかるのか。
応答4　（応答がないまま時間切れ）

肯定側の反対尋問1に対し、否定側は用意していた資料、「若者言葉が気になるか」を提出した。この資料は、どちらの側にも利用できるものである。つまり「気にならない　七五・七％」という数字に注目すれば、若者言葉の定着の資料となり、「気になる　二四・三％」に着目すれば、若者言葉への疑問の資料となる。これは、資料をどのように活用するかの問題ともいえる。また、ここで、肯定側がアンケートの対象を問うているが、このことは資料を利用する際に大切なことである。資料の性格――アンケートを例に取れば、いつ、だれに、どのような形で、など――を知ることは、それを生かすための重要な要因になるし、また、反論する場合の論拠ともなる。尋問4は、否定側の立論を崩そうとするものである。残念ながら時間切れで応答はなかったが、どのような答えがされるとよかったであろうか。

④　**反論スピーチ**

ディベーターが肯定側・否定側交互に、一人一分ずつ意見を述べる場である。ここでは、否定側の一人を紹介する。

たくさんの人が「ら抜き言葉」は直しようがないって言うけどぉ、そんなことはないじゃんか。普段の会話の中で、ちょっと注意すれば直るものじゃん。「ら抜き言葉」を国語の授業で取り上げたあとぉ、友達とか先生との会話で、「ら抜き言葉」が気になった人、たくさんいるでしょぉ。そんな人が一人でもいるんだったらぁ、「ら抜き言葉」って正しい日本語だって言えないじゃん。若者言葉の方はぁ、立論でも言ったみたいに公に認められてないんだからぁ、正しい日本語だって言えないいんじゃないのぉ？

僕は今、わざと若者言葉で反論スピーチをしましたが、変に思った人がいたと思います。以上のことから「若者言葉も正しい日本語である」という論題を否定します。

この反論スピーチをしたのは、肯定側からの反対尋問の場面で、「正しい言葉はだれもが快く感じなければならない」（③の応答2）と主張していた生徒である。その点を強調するために、このようなスピーチを考えたのであろう。このスピーチは、判定の際の感想の中で、複数の生徒から「印象的だった。」「説得力があった。」と評価されている。他の生徒のスピーチと趣が変わっていることと、具体的に訴えるものがあったことが、評価されたと思われる。

⑤　肯定側最終弁論・否定側最終弁論

══否定側　最終弁論══

言葉というものは、その人の人格を表すものである。ある大学の教授が「内容さえしっかりしていれば、若者言葉も正しい日本語と認めるべきだ。」と言っていたが、内容がしっかりしても、例えば幼児語でしゃべったのでは説得力はなく、相手に自分の言いたいことは伝わらない。やはり、どのような言葉を用いるかも大切なことなのである。

若者言葉は限られた範囲内でのコミュニケーションしかとれない。決まったグループ内での暗号にすぎない。これでは正しい日本語とは言えない。

一方、ら抜き言葉については、国語の授業で勉強したあと、気になるようになった。国民全部とは言わないまでも、気になる、聞き苦しいと思う人が少しでもいるかぎり、正しい日本語とは言えないと思う。

さらに、文法的誤りは、言葉の意味を変えてしまうことがある。立論でも述べたように、「全然」のあとには「ない」のような否定形が来る。しかし、最近では「全然楽しい」など肯定形が来る文になっている。これでは、「全然」という言葉の意味が変わってしまい、相手に内容がよく伝わらず、ときには誤解が生じることにもなる。

蛇足ではあるが、私たちの側は、若者言葉を使ってはいけないといっているのではない。正しい日本語ではないといっているのである。


立論の中の「気になるということは正しい日本語ではない」という点を再び強調し、反対尋問での応答ではっきりした答弁のできなかったもの――若者言葉は具体的でない――、立論を否定されたもの――市民権がない――については省く形で、最終弁論を組み立てている。また、肯定側反対尋問の中で、「使ってはいけない」というやりとりが出てきたことを受け、最後に、「使ってはいけないかどうかではなく、正しいか否かである。」と、論題に対する自己の立場を改めて確認している。

‖肯定側　最終弁論‖

論題を肯定してきた根拠として、言葉は文化だから時代と共に変化する、若者言葉もひとつの方言である、若者言葉を使うことによりコミュニケーションが深まる、があげられる。はじめの二つは、若者言葉が正しい日本語であることの根拠そのものであり、三つめは若者言葉の利点でもある。これらの中で、若者言葉を一種の「方言」ととらえる考え方は、すべての人に通じる言葉を正しい日本語とするという考え方への反論でもある。

　否定側は、若者言葉を認めると、同じ意味の言葉が複数できてしまうといったが、これは、共通語と方言の間でも、そして、共通語の中でもありうることである。

　また、否定側は、若者言葉は文法的な誤りがあるから正しい日本語とは言えないといったが、文法的にあっていることが果たして正しいという根拠になるのかは疑問である。


まず、立論を改めて確認したうえで、反対尋問で問われたことについて、自己の主張を述べていくという構成である。最後の、文法的な正しさが正しい日本語の根拠であるのかについては、反対尋問の中で取り上げてから最終弁論に使う方が効果的であったと思われる。

⑥　**判定と生徒の感想**

　判定者となった生徒は、判定表の評価基準にしたがって場面ごとに評価を行い、その合計点数を算出する。その結果、肯定側の点数が高かった生徒が十五人、否定側の点数が高かった生徒が八人、同点の生徒が六人であった。

　判定と同時に、感想や気がついたことも簡単に書かせた。その中には、「否定側の立論には、私の気がつかないことが多かった。」の感想があり、ディベートを見ることによって新しい考えを知る生徒がいたこともわかった。これは単元のねらい2にも関連してくることである。

⑦　**他の班のディベートについて**

　他の三つのディベートのうち、もう一例を立論だけであるが紹介する。肯定側と否定側が、一つの観点について反対の見方をしていることが明確に現れている例である。

＝肯定側　立論の論旨＝

1　若者言葉でもコミュニケーションが成り立つので、言葉としての機能を十分果たしている。

言葉というものは、相手に自分の意志や考えを伝え、また、相手のそれを知るためのものである。これは、若者言葉でも達成することができる。互いのコミュニケーションがうまくいくものであればそれは認められてよい。

2　「若者言葉」という見方は、大人の偏見である。

平成二年頃、大人は「ファジー」という言葉を作り出した。その言葉は世間で流行し、何も問題にならかった。それなのに、大人は、若者の間で作りだされた言葉だけを問題にしている。これは、大人は、自分たちで作り出した言葉はよくて、若者が言葉を作るのはよくないといっているようなものである。若者言葉をおかしいというのは、大人の偏見といってよい。

3　若者言葉も日本語が変化したものであり、認められてよい。

言葉は変化する。外国語を日本語風に変えていったものも、今では日本語として認められ、使われている。たとえば、「さぼる」。この言葉は、「サボタージュ」というフランス語を「サボタージュする」という日本語風にして、さらにそれが縮まって「さぼる」となったものである。若者言葉も日本語の変化したものである。これも日本語として認められてよい。

＝否定側　立論の論旨＝

1　若者言葉はすべての人に意味が通じる言葉ではない。

言葉は自分の気持ちや考えを表現するものであり、すべての人に通じなければならない。どの年代の人にでも理解されなくては、言葉としての役割を果たさない。

2　国際的な問題としての、若者言葉の不適。
　国際化時代の今、外国の人が日本語を学ぶ機会が増えている。日本人はその人々のお手本とならなくてはいけない。逆の場合を考えてみよう。ある外国の言葉を勉強して、その国に行ったとき、その国では若者言葉のようなものが使われ、せっかく勉強したにもかかわらず意味がわからなかったらどうするだろう。困るだけでなく、ひどい場合はその国が嫌いになってしまうかもしれない。

3　言葉の変化は百年千年単位の変化であり、短期間の乱れを変化と取るのは間違っている。
　言葉は文化であり、文化は変化するものであるから、言葉の変化も認められるべきであるという考え方がある。しかし、言葉の変化というものは、百年千年単位の、きわめて緩やかな長い時間をかけた変化なのである。昨日今日の乱れ、混乱を変化といって弁護するのは間違った見方である。

4　「ら抜き言葉」は、一種のアナロジー（類推）から生まれたものである。
　「ら抜き言葉」は、「飲む」に対して「飲める」のように、五段活用の動詞に下一段活用の可能動詞が出来るのと同じ形で、「見れる」「出れる」としたものである。このような現象を、アナロジー（類推）という。幼児が、「飲む」に可能を表す「れる」をつけて「飲めれる」と言うのと同じ誤りである。「食べられる」が「食べれる」「見られる」が「見れる」となる例などは、かなり使われているが、「確かめられる」を「確かめれる」、「とがめられる」を「とがめれる」などと言うのはあまり聞かない。むしろ、「ら抜き」になることにより、意味が変わってしまうこともある。

　肯定側と否定側とが、一つの観点について反対の見方をしていることが明確に現れているのは、例えば、両者の立論の1である。肯定側は「互いの」コミュニケーションが成り立てば言葉として認められるとし、否定側は「どの年代の人」にも通じなければ言葉としての役割を果たしているとはいえないとしている。また言葉は変化するという肯定側に対し、否定側は、言葉の変化は長い時間をかけたものであり、昨日今日の変化は「変化」ではなく「乱れ」「混乱」ととらえている。

このような場合、立論の根拠となる具体的事実が大切になってくる。したがって、次にくる反対尋問の場で、その具体例を示しながら尋問を進めていくことが必要である。尋問される側も、相手側から出された具体例をいかに自説に有利に活用するか考えられるとよい。

⑧　**事後指導**

ディベートを体験し、あるいは判定者として参加したことにより、自己の意見がどのように変容したかを書かせた。また、ディベートにより、新たに知った考え方や見方はどのようなものであったかを確認させるため、論題についての考えをまとめさせた。ディベートを通して自身の物の見方・考え方がどのように深まり、あるいは変化したかを再認識させる場とした。

4　評価と今後の課題

今回の重点であった反対尋問については、相手側の立論をよく理解して効果的な尋問をしようとしているようすがうかがえた。ディベートを迎えるまでの準備――相手側の立論や反対尋問の予想――が生かされていたといえる。しかし、尋問によって相手側の立論のあいまいな点をついたり、矛盾を引き出すという点ではまだ十分とはいえない。尋問に対する答えにさらに尋問を重ねていくという対応がもっとほしいところである。そのためには、ビデオなどを使って対戦を振り返りながら分析させ、どのような対応がなされるべきであったかを考えさせる学習を組む必要があると思う。そうした学習をもとに、相手側の応答に対し、その場で分析し判断していく力をもっとつけさせていくべきであろう。

資料については、まず、立論を考える際によく活用できていた。ここには全部を紹介できなかったが、八つの班のそれぞれが異なる資料に着目して立論を組み立てていたのは興味深いことである。しかし、反対尋問の中で資料を有効に利用するという点では、不十分であった。資料を分析する力や、どの場面で有効に利用できるかということを学ぶ機会がもっと必要であろう。

「言葉」の問題については、今回のディベートを通して、ディベーターはもちろん、判定者も、いろいろな考え方があることを学ぶことができたようである。ディベーターはたくさんの資料を参考に立論を組み立てていたが、その資料そのものが討論のいろいろな場面でもっと具体的に示されると、判定者の「言葉」に対する認識もさらに深まったと思われる。

ディベートのフォーマットにはいろいろな形式が考えられるが、今回の取り組みの中で、「考える時間」の必要性を感じた。つまり、作戦タイムの長さに対する問題である。短時間に分析をしたり意見をまとめることも大切であるが、一方で、少し時間をかけてそれらをすることもあってよいと思う。グループ内で考えを出し合う場にもなる。そういった意味での、「ディベート的」フォーマットともいうべき流れが考えられてもよいのではないだろうか。

論題については、言葉――日本語――のあるべき姿とは何かを考えるきっかけになった。生徒も、日常の言語生活を見直す方法として、興味深く取り組んでいた。国語学習の中で、言葉に対して関心を深めるきっかけとしてのディベートの取り組みを、さらに考えていきたい。

このディベートを行うにあたって、次にあげた本を参考にさせていただいた。この場を借りて、感謝申し上げたい。

『教室ディベート・ハンドブック』　月刊国語教育　九三・五　別冊（東京法令出版）
『国語科ディベート授業入門』　花田修一著　（明治図書）
『中学・高校教師のための　教室ディベート入門』　佐藤喜久雄　田中美也子　尾崎俊明　共著（創拓社）

資料

ことばもじこくご　その5

その日本語は　いま……

ら抜き言葉 検討課題に

国語審議会最終報告

「若者言葉」など対象

「見れる」「出れない」などの「ら抜き言葉」や、「ヤバイ」「そうジャン」といった若者言葉は正しい日本語なのか。文相の諮問機関である第十九期国語審議会（坂本朝一会長）は八日、「現代の国語をめぐる諸問題について」と題してまとめた最終報告で、言葉の「乱れ」や「ゆれ」を次期以降の審議会の検討課題にするように求めた。縦書き、横書きなど文章の形式や、アルファベットで名前を表記するときの姓名の順序なども、議論の対象となっている。

【ら抜き言葉】
- 「出れる」「出れない」

【若者言葉】
- 「マジ」「ウッソー」「いいジャンか」「親ナンカはやめろトカ言うワケ」

【抑揚、発音の問題】
- 「私わァ」と語尾を伸ばす言い方。
- 「オイスィー」「ゴツィソー」など「シ」が「スィ」に、「チ」が「ツィ」に聞こえる発音（若い女性に多い）。

最終報告は五つの柱、十六の項目にわたって検討課題を列挙している。昨年六月に出された中間報告では、委員の個人的な意見とされていた日本語の「乱れ」や「ゆれ」、発音の問題が検討課題の項目に格上げされたのが特徴だ。具体例までは挙げていないが、委員の間では、いわゆる「ら抜き言葉」や若者言葉、「それでェ」と語尾を伸ばす言い方などが話題となったという（別表参照）。

逆に、中間報告に明示されていた外国人の日本語学習を手助けする「やさしい日本語」の必要性は、最終報告には採り入れられず、「日本語の国際的な広がりへの対応」という抽象的な表現に置き換えられた。

このほか、最終報告では、国語教育や国語研究の充実、アルファベットでの姓名の書き方などが検討課題とされた。姓名については「中国、韓国では姓、名の順だ。日本のように名前、姓の順にするのはおかしい」との意見が出されたという。

一年前の中間報告では①時代に即した敬語のありかたを探る②豊かな文化としての方言を大切にする③ワープロなどの国語能力への影響を調べる④ワープロ字体の統一を検討する⑤官庁がこなれないカタカナ語を使うことを慎む⑥「補てん」などの交ぜ書きを避け、ふり仮名を用いるようにする――などが提言されたが、これらの項目はほぼそのまま最終報告に盛り込まれている。

十九期の審議会は一九九一年九月に発足した。委員が自由に意見を出し合い、問題点を洗い出す形で論議が進められた。

言葉の適否 難しい一律判断

《解説》「当用漢字表」や「常用漢字表」、「送りがなのつけ方」など、表記の問題に取り組んできた国語審議会が、言葉遣いや語彙（ごい）など、初めて本格的に表現の問題に踏み込んだ点で、今回の報告は意義を持っている。

最近の日本語の「乱れ」や外来語の氾濫（はんらん）に眉（まゆ）をひそめる人は確かに多い。最終報告は、このような世の中の空気を反映したともいえる。ただ、文法は常に変化する。最終報告も指摘しているように、言葉の適否は使われる場面に左右されもする。「この表現は間違い」と一律に決めることは、かなり難しいのではないか。

最終報告も「いわゆる乱れ」という言葉を使い、「ら抜き言葉」などの是非についての直接の判断は避けた。事務局を務める文化庁も「今秋発足する次期審議会で答申が出ても、これまでのように内閣告示・訓令の形で具体化する方式は取らない。どんな方式にするかも含めて審議してもらう」と慎重な態度だ。

十九期の審議会に、四十歳以下の委員は歌人の俵万智さん一人しかいない。若者言葉などについて何らかの判断を下すのなら、もっと若い委員を増やすとか、少なくとも若い人たちの意見を聞く機会を設けるべきだろう。

1993（平成5）・6・9　朝日新聞

「日本語のいま」に関する資料を集めましょう。

三　日本語は今……日本語の現状を探る

――中学二年生のとらえた日本語の現状――

1　単元設定の理由

中学生を取り巻く言語環境を考えたとき、日本語の現状は必ずしも望ましい姿であるとは言えない。例えば、「若者言葉」と称される語や独特のアクセント、定着しつつある「ら抜き言葉」、カタカナ語の氾濫など、気になる現象がいくつもあげられる。こうした言語環境の中で、生徒は、日本語つまり「国語」をどのようにとらえていくのであろうか。

言葉にもっと関心を持ってほしい。生徒と国語を学習しながら常に思うのがこのことである。生徒の言葉への関心は薄い。国語（日本語）を大切にさせたいという以前に、言葉そのものへの関心を起こさせたい。そんな思いから、折りに触れ「ことば通信」を発行している。例えば、次のような話題である。

・「この言葉　知っていますか」　若者言葉について（P.71資料参）
・「この言葉　知っていますか」　小林信彦『現代死語ノート』（岩波新書）の紹介（P.72資料参）
・「気になる言葉」　敬語の誤用について（P.73資料参）
・「また　気になる言葉」　「ら抜き言葉」について（P.74資料参）
・「言葉が消える」　天気予報から消える「夜半」という語について（P.75資料参）

・「カタカナ語　これも日本語？」　カタカナ語についての厚生省の指示とそれに関する投書の紹介（P.77資料参）

・「この略語　知っていますか」　若者の間で使われる略語について（P.160資料参）

これらの話題に対し、生徒はさまざまな反応を示す。例えば、若者言葉については、知っているが実際はあまり使わない、やがて消えていくと思うなど、距離を置いた見方をしている生徒が多い。「ら抜き言葉」については、「『見れる』『出れる』は普段使う。『見られる』とは意味が違う。」と言う。また、『現代死語ノート』に紹介されている語から発展し、小学生の頃はやっていた流行語の記憶をたどっている。この「ことば通信」をきっかけに、言葉に関する話題を新聞から切り抜いてきたり、「この敬語の使い方、おかしくありませんか。」と尋ねてきたり、あるいは、年間を通して行う「言葉の学習（注）」で、広告などの表現から気になるものを集めたりする生徒も出てきた。

これらの実態をもとに、生徒を取り巻く日本語の「今」の姿をとらえさせ、日本語の現状と将来について考えさせる単元を組むことにした。

（注）各自で言葉の学習の目標をたて、年間を通して学習や研究を進めるもの。本書Ⅰの三「課題研究『わたしの言葉の学習』」参照。

2　単元の構成

(1)　単元のねらい

1　日本語の現状や将来について、関心を持つ。
2　集めた資料をもとに、日本語の現状について自分の考えを持つ。
3　資料を生かして、聞き手に分かりやすく、日本語の現状への問題提起をする。
4　お互いの発表を聞くことにより、日本語の現状のとらえかたの違いを認め合い、さらに自分の考え方を見直す。

(2)　この単元で育てたい力

1　表現の仕方や言葉そのものを注意深く読む力

この学習では、まず、言葉に対して敏感になる力を育てたい。「この言葉の使い方はおもしろい。」と感じ取ったり、「この言葉の使い方はあっているのだろうか。」と疑問を持ったりすることのできる、「アンテナ」ともいうべきものを育てたい。これは、文章を書くときの言葉を選ぶ力にもつながっていく。

2　資料を整理し効果的に活用する力

日本語の現状を考えるにあたり、新聞・雑誌あるいはテレビから資料を集めさせるが、ここでは、その資料の分析・整理の仕方を学ばせたい。情報化社会において、情報を収集する力と共に必要になってくるのは、それを整理する力である。授業では、グループ学習の形態を取り、集めた資料の分類や整理の仕方も含め、その効果的な活用の仕方について考えさせていく。

3　資料をもとに説得する力

日本語の現状について、班で意見を発表させる。その際、資料を活用し、根拠を明確にした説得の仕方を考えさせる。これは、集めた資料の内容の吟味や、説得に有効なものを選択する力につながる。

3　学習材と学習活動

夏休みに、新聞・雑誌、テレビなどから気になる言葉（表現）を集めさせ、それを学習材として用いる。二学期に入り、グループ学習の形態で、集まった資料の整理・分類をさせ、それをもとに日本語の現状についての意見発表へと導く。

4　指導の手立て

資料の集め方、および、グループでの発表の仕方について、次のような指導の手立てを考えた。

(1)　資料の収集の仕方を知る

資料の具体例を示すと共に、後の整理・活用を考えて、次のような指示をした。

・一枚のレポート用紙に資料は一点と限る。
・資料は切り抜いて貼り、新聞・雑誌名、掲載日時を書いておく。
・資料には通し番号をつける。
・余白に資料についての説明や感想・意見を簡単に書いておく。

(2) 効果的な論の展開を考えさせる

この学習に先立ち、教科書（学校図書　平成九年版　国語二）の評論「若者が文化を創造する」（河合雅雄）を学習し、例を提示しながら意見を述べるという文章展開を学ばせた。また、「ことば通信」で紹介した朝日新聞のコラム「日本語よ21ドタキャン」（P.160資料参）で、略語が使われる要因を「第一に……。第二に……」と分析していく文章を読ませた。この二つの文章を参考に、次頁に示すようなプリントを用意して、「日本語の現状をこう考える」という説得のための要点と順序を考えさせた。

班によっては、この形を参考に独自の展開を考えるところもあったが、いずれにしても、説明の柱立てを明確にするよう指示した。

また、これに関連し、それぞれの柱立ての説明に使用する資料のメモも作らせた。資料については、各班の資料一覧（分類項目と、班員の何番の資料かがわかるようにしたもの。下の資料参照）を作らせ、全クラス分を綴じて閲覧できるようにした。これにより、自分の班の資料では不十分であるという場合は、他の班の資料から探すことができるようにした。

1組2班の発表準備資料

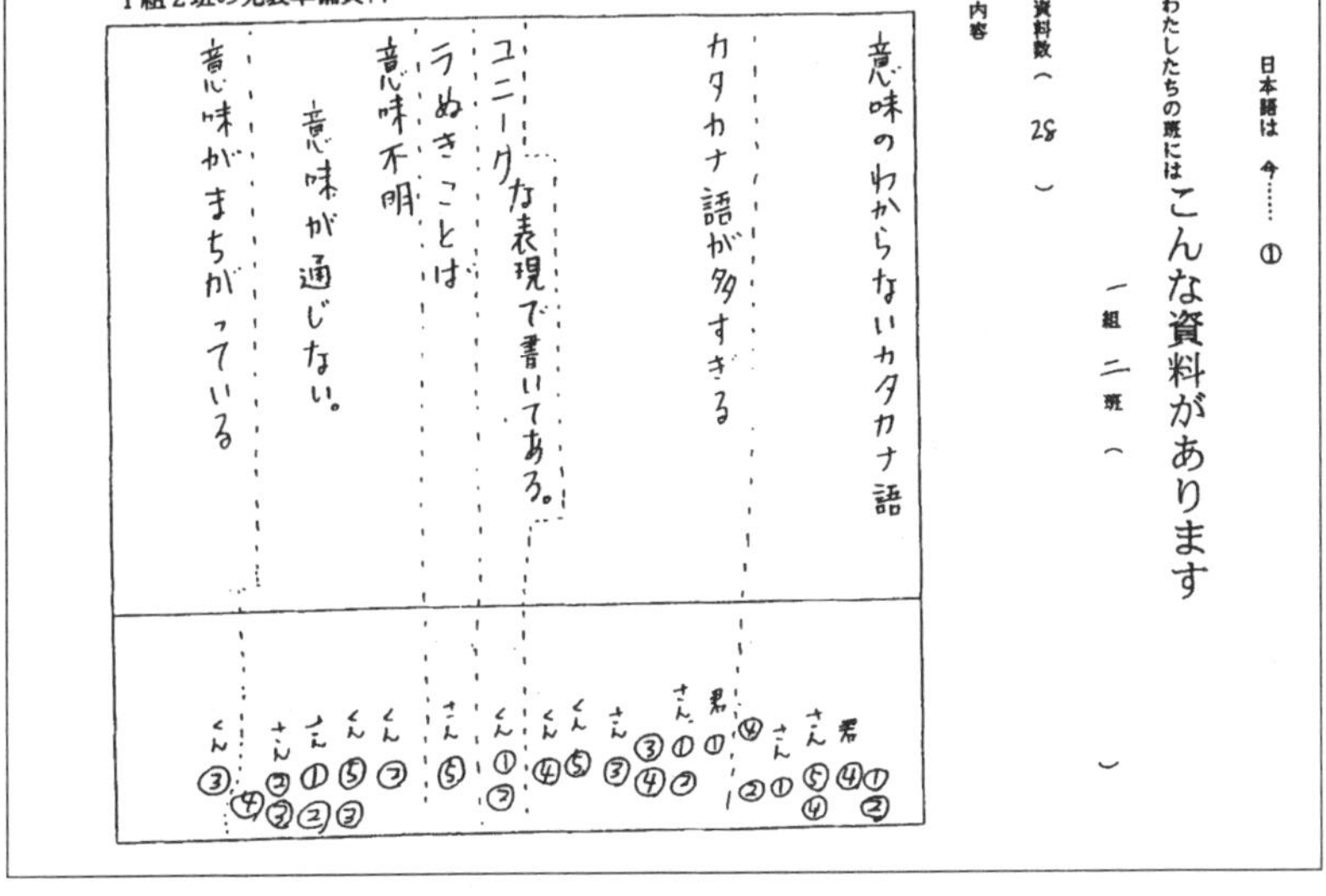

日本語は　今……　①
わたしたちの班にはこんな資料があります
一組　二班（　）
資料数（　28　）
内容
意味のわからないカタカナ語
カタカナ語が多すぎる
ユニークな表現で書いてある。
ラぬきことば
意味不明
意味が通じない。
意味がまちがっている

日本語は　今……　②

発表の準備をしよう　その1

一組二班

1　取りあげたいことがら（中心にしたいことに○）

○「意味が間違っていたり　わからないカタカナ語が多い」

「意味不明の言葉が多い」

「ら」抜き言葉がある（ちょっとつけたす）

2　選んだ理由（○をつけた理由を詳しく）

みんなの持ってきた資料の中で意味が通じない言葉がたくさんあったので。全員が持ってきた資料でやりたかったから。

3　みんなに考えてほしいこと　訴えたいこと

「時代によって日本語は変わっていく。だからその時代時代の日本語を理解して受け入れていこーウ」

日本は　今……　③

発表の準備をしよう　その2

一組二班

日本語の現状を、私たちはこう考える

(1)　班の主張

「時代によって日本語は変わっていく。だから、その時代時代の日本語を理解していこう。」

(2)　説明の手順

前置き

日本語は、時と共に変わっていく。

その例として

第一に　お母さんとかによく注意されるけれど、

ら抜き言葉・い抜き言葉も一つの日本語なんです。
↓雑誌にのっている。

今の時代では若者言葉としてよく使われていって。
↓新聞にものっている。

今では若者だけでなく、広告や新聞にも使われている。
↓別にいいんじゃないだろうか。

ら抜き・い抜き言葉はいろんな所で使われていって。

第二に

カタカナ語について、新聞三日間のデータをとって検証（1.数・種類　2.理解・例）

毎日の生活の中にちりばめられている。

まとめ

"日本語は今みだれている"、てよくいわれるけれど、この若者言葉も一つの日本語だと思う。昔の言葉は言葉でいいけれど、新しい言葉もしっかりと取り入れてほしい。日本語は生きている。

5　指導の過程

(1)　全体計画（全八時間）

時期			内容
一学期			「ことば通信」（一年次より継続）を発行し、日本語の現状を探ることに関心を持たせる。
夏休み			課題①　「日本語は、今」 ○「ことば通信」を参考に、生きた言葉としての日本語をとらえる。若者言葉、「ら抜き言葉」、耳慣れない省略語、気になる言い回し、疑問に思う敬語の使い方などを、新聞・広告・雑誌などの身近な活字情報から探す。 課題②　「日本語再発見」 ○「ことば通信」を参考に、日本語に関する本を読み、日本語を見直し、新たな発見をする。日本語のおもしろさや、難しさ、不思議など、興味をもった事項について具体例をあげて紹介する。
二学期	第一次		発表の準備をする。
		第一時	夏休みの課題①で集めた資料を分類する。（グループ学習／以下も同様）
		第二時	第一時の分類をもとに、日本語の現状について、どの事柄を取り上げるか、そこから何を訴えるかを話し合う。
		第三時	論の展開を考え、それに沿った資料を選び出す。
		第四時	効果的な資料の提示方法について話し合うなど、発表の準備をする。

二学期		
第二次	第一時〜第三時	グループによる発表をする。 発表を聞き相互評価をする。
第三次		日本語の現状に対する意見を、「日本語は今」と題する意見文にまとめる。

(2)　学習活動の実際

①　資料の整理の実態

各学級に六つの班があり、それぞれ五人から六人で構成される。それぞれの班が、どのような事柄を取り上げ何を主張したか、二つの学級について紹介する。

〈一組〉

班	取り上げた事柄	班の主張
1	カタカナ語 当て字	外来語や当て字を使うことによって、相手に分かりやすくする場合もあるが、その逆の場合もある。
2	カタカナ語 ら抜き言葉　い抜き言葉	時代によって日本語は変わっていく。だから、その時代時代の日本語を理解していこう。
3	若者言葉	若者言葉は新しい流行語であり日本語である。
4	造語　擬声語・擬態語 助詞や助動詞の変わった使い方	日本語は造語ができたり、擬声語や擬態語でいろいろなことを表せたり、助詞・助動詞が意味の上でいろいろな働きをしていて面白い。

5	略語	日本語は会話のスピードが進み、それによって言葉自体も省略されているが、意味が分からないものもある。
6	意味のわからない表現 カタカナ語 ら抜き言葉	日本語は変わってきている。それに対して、いいという考え方、いけないという考え方、どちらでもよいという考え方ができ、一つには決められない。

〈二組〉

班	取り上げた事柄	班の主張
1	違和感のある言葉　ない言葉 二十年前の広告との比較	イメージで通っている意味のわからない言葉がたくさんある。そのような言葉があふれ、違和感のない言葉として受け入れられるようになるのではないか。
2	カタカナ語　敬語の誤用 意味のわからない言葉	何気なく使っている日本語をもう一度見直そう。
3	敬語の誤用 意味の分かりにくい表現	現代の日本語の中には理解しにくい表現もある。それについて賛否両論ある。
4	カタカナ語 雰囲気で理解する言葉	人目をひくような言葉は、本当に理解しているかどうかは定かでない。言葉の雰囲気でわかった気になってしまうのは日本人の特徴か、日本語の特徴か。
5	カタカナ語	日本語では表すことのできない雰囲気を外国語はかもしだすが、そのためにあいまいになり誤解を招くこともある。
6	意味の分かりにくい表現	今の日本語は意味があやふやになっているものが多い。

全体を通してみると、カタカナ語（外来語、外国語）について扱う班が多かった。集まった資料もそれに関するものが多かったことと、題材として扱いやすかったためと思われる。

② 班の発表の実際

ここでは二つの班（一組一班・二班）を取り上げ、活動の過程を追跡してみたい。

══一組二班の場合══

〈班の動き〉

男女各三人の計六人。総資料数二八。発表のために取り上げた項目は、意味が間違っていたり意味が通じなかったりするカタカナ語と、「ら抜き言葉」で、中心にするのはカタカナ語の話題とした。これらを選んだ理由は、班員の資料の中に、意味の通じないカタカナ語がたくさんあったことと、全員の資料を活用しようという意図からである。（P.128上資料参）

班の主張は、話し合いの結果、次のようにまとまった。（P.128下資料参）

> 時代によって日本語は変わっていく。だからその時代時代の日本語を理解していこう。

〈説明の手順〉

> 前置き　日本語は時代とともに変わっていく。
> （その例として）
> 第一に　「ら抜き言葉」も「い抜き言葉」も一つの日本語である。
> ←　雑誌にのっている。

今の時代では若者言葉としてよく使われている。

　←　新聞にものっている。

今では若者だけでなく広告や新聞にも使われている。

　←　別にいいのではないだろうか。

「ら抜き言葉」「い抜き言葉」はいろんな所で使われている。

第二に　カタカナ語について
三日間の新聞からデータをとって検証（数、種類、理解度）
　毎日の生活の中にちりばめられている。

まとめ　日本語は今乱れているとよく言われるけれど、この若者言葉も一つの日本語だと思う。昔の言葉は言葉でいいけれど、新しい言葉もしっかりと受け入れてほしい。日本語は生きている。

〈発表まで〉

発表の手順の話し合いと並行して、発表に使う資料の検討が行われた。

「ら抜き言葉」の例は、班の中に二つしかないため、他の班の資料からも探した。また、「ら抜き言葉」の実態を調べるため、友達や先生にアンケートをとることにした。もう一つの「い抜き言葉」というのは、この班が命名した言葉である。「……している」というのを「…してる」ということをさしている。これも気になる言い方であるというのが、この班の意見である。資料は新聞の漫画である。

カタカナ語については、まず、「ガーデニング」という言葉を取り上げたいという意見があった。指導者も交え、カタカナ語の本来の意味と人々の理解などについて話し合った結果、本来の日本語より多く使われる「グルメ」、最近流行の「ストリート」も取り上げることにした。手分けをして資料を探し、「ガーデニング」は新聞、「グルメ」

は新聞、雑誌、本から見つけ出した。「ストリート」は図書室に置いてある雑誌『オリーブ』・『レモン』などで探したが見つからなかったため、活字資料はないまま発表に臨むことにした。

資料はそれぞれの言葉の出ていた部分を切り抜いて貼ったプリントを作り、模造紙大に拡大コピーし掲示することにした。

〈発表〉

S_1　これから二班の発表を始めます。

私たちは、日本語は絶えず変わっていくと考えました。では、どのように変わっていくのでしょうか。現代の日本語の中で、ここでは、「ら抜き言葉」「い抜き言葉」、そして、カタカナ語について調べました。

時代によって日本語は変わっていく。だから、その時代時代の日本語を理解していこう。

S_2　では、まず、第一に「ら抜き言葉」「い抜き言葉」について質問します。みなさんは、「ら抜き言葉」「い抜き言葉」と聞いてどんなことを思いつきますか。聞いてみたいと思います。F君、お願いします。

F　見れる、食べれる。

S_2　ありがとうございます。つづいて、「い抜き言葉」について聞いてみたいと思います。K君、お願いします。

K　……

S_2　今言ってもらったのが、「ら抜き言葉」ですが、「なになにできる」という意味で使われていま

（班の生徒の動き）

班の主張を書いた模造紙を掲示

聞き手の生徒を指名している。これ以後の指名も同じ。

（板書）見れる
　　　　食べれる

す。「い抜き言葉」というのは、あんまり皆さんもわかっていないというか、広まっていないと思うのですが、「なになにしている」という意味で使われています。「い抜き言葉」の例をあげると、「寄ってく」という例があげられます。(下の模造紙大の資料を黒板に掲示)

S3　(黒板に掲示した資料を指しながら) この場合、お菓子の包みに書いてあった「食べれる」や、新聞のWOWWOWの広告に出てた「見れて」とか、新聞のコラムの「食べれる」とか、みんながよく見てるかもしれませんが、SMAP×SMAPの「食べれるおいしい魚料理」。あと、「どうなっているの」が「どうなってるの」になっていたり、毎日新聞の夕刊の「まっぴら君」の漫画にも「出てったな」とか、「もやしてるんだ」など、こういうところでいろいろ使われています。

S2　今挙げてもらった例は、「ら抜き言葉」「い抜き言葉」なんですけど、この例を正しい形に直すと、(黒板に掲示した資料を指しながら)「食べれる」は「食べられる」という言葉になり、「見れて」は「見られて」という言葉になります。

今挙げたのが「ら抜き言葉」で、「い抜き言葉」というのは「なってる」は「なっている」という言葉になり、「出てった」は「出ていった」という言葉になります。さっきの「寄ってく」という言葉は「寄っていく」という言葉になります。

S3　私たちは「ら抜き言葉」についてこの学校の生徒にアンケートをとりました。「あのテレビ見れなかったよ。」と「あのテレビ見られなかったよ。」という二つのうち、どちらを使うかでアンケートをとってみたのですが、五〇人中三八人が、「あのテレビ見れなかったよ。」の「ら抜き言葉」の方を選びました。このことでみんなが日常でも「ら抜き言葉」を使っていることがよく分かります。

また、学校の先生にも何人かアンケートをとってみたところ、だれも「よくない」「間違っている」とおっしゃっていましたが、無意識のうちに使ってしまうという人と、使わないという人に割れました。そして「このまま広まっていくんじゃないか。」とおっしゃった先生が数人いらっしゃいました。

私たちとしては、親とかに注意される人もいますけど、でも、別にあまり気になりもしません。それに、別に使ってもいいと思っています。（次頁の資料を黒板に掲示）

S4　次にカタカナ語についてです。朝日新聞の十月二七日から三日間、新聞の中で目についたカタカナ語だけ挙げてみても、計一五六ページ中、一四二種類、なんと、延べ二一一回も出てきました。カタカナ語というのは、私たちの生活の中に無意識のうちにちりばめられているのです。

このカタカナ語は、主に四種類に分類されます。

1　パソコン、コピーなどのコンピューター関係
2　ビジネス、ニュースなどの社会関係
3　プレゼント、バーゲンなどの宣伝・広告関係

そして、

　４　ライブ、ドラマなどの芸能関係です。それらは多くが意味を変えることなく使われています。

S_5　次に質問しますが、「グルメ」という言葉は、いったいどういう言葉なのでしょうか。I君。

I　食べ物とかにすっごいこってるっていう人を指す。

S_5　じゃあ、K君。

K　わかりません。

S_5　実は、「グルメ」という言葉はもともとはフランス語で、美食または美食家という意味なんですけど、英語でも日本と同じで「グルメ」という言葉を使っているそうです。

次に、「ガーデニング」という言葉はどういう意味か聞きたいんですけど。Mさん。

M　庭をつくること。花とか植えて庭を飾っていくこと。

S_5　Yさん

Y　園芸や庭いじり。

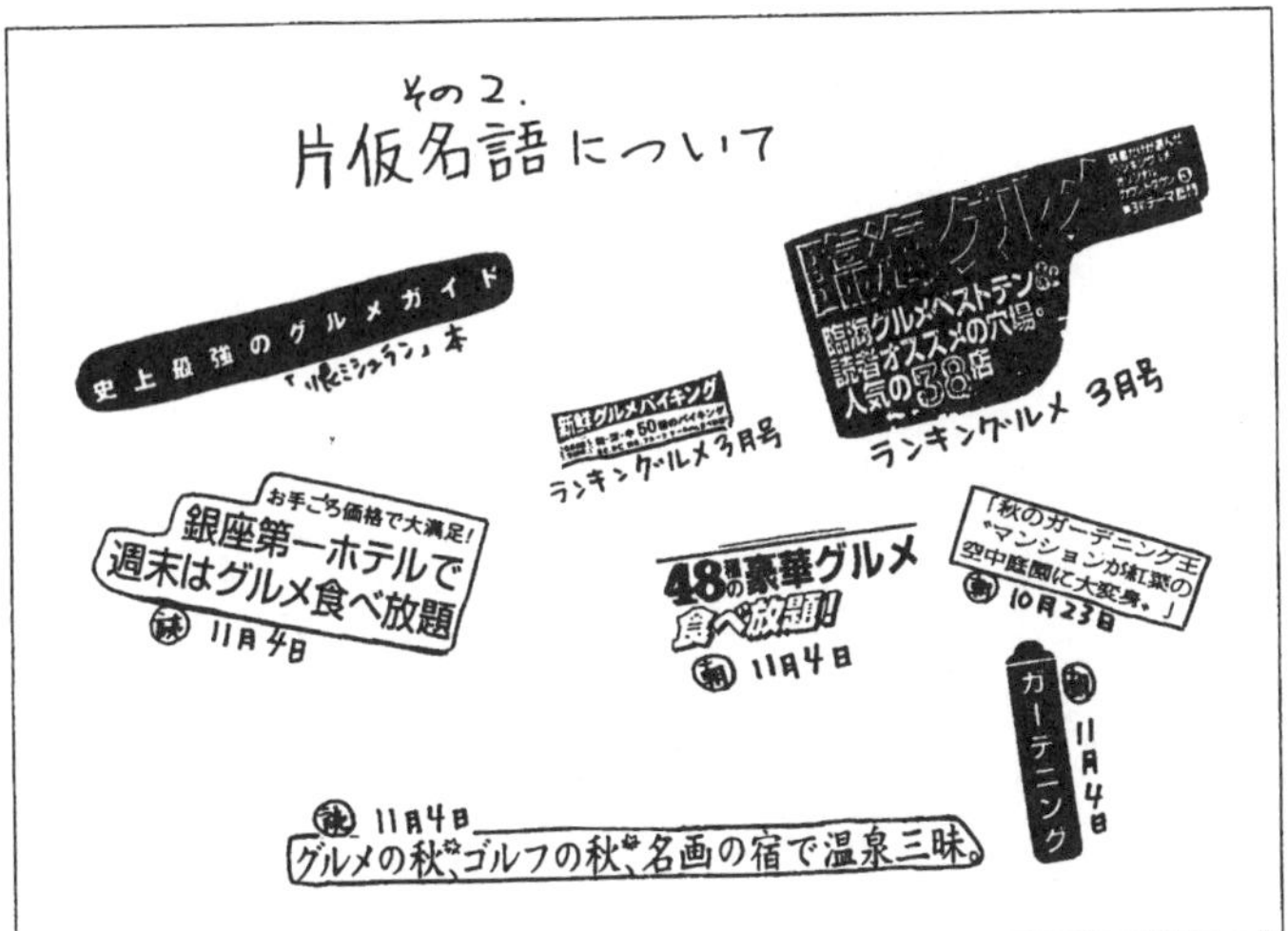

（板書）
グルメ
食物にこっている人

（板書）
ガーデニング
庭づくり

S5　「ガーデニング」という言葉は、日本語に訳すと、庭いじりという意味ですが、「ガーデニング」と聞くと洋風な感じがして「庭いじり」というと和風な感じがします。つまり、「ガーデニング」という言葉と「庭いじり」という言葉はイメージも全然違い、異質なものだといえます。「ガーデニング」という言葉が使われてから、植物への関心が四〇パーセントから五〇パーセントに増えたといわれています。

　次に、「ストリート」というのはもともと英語で「道」という意味ですが、「道を歩く、外出するときの格好。」となり、今では「流行の格好」というときに使われています。

S6　このように、日本語は何かを便利にしたり、より分かりやすくするために変わってきています。「ら抜き言葉」は「なになにできる」というのと「なになにされる」というのを区別するためにできたものだし、カタカナ語だって、外国から伝わってきたものを、わざわざ日本語に直さなくても、もとの言葉をそのまま利用したほうが使い勝手がいいからそうなったのです。「ガーデニング」を「西洋風庭作り」と言ってもかっこ悪いし、訳が分かりません。

S1　でも、それらは当たり前なのです。それは、人間の特徴なのです。毎日の生活の中にも、それらは反映されているのです。夜は暗く、物が見えにくいので、明かりというものが発明されました。このように世界は絶えず便利な方へと進んでいるのです。それは、悪いことではありません。日本語が変わっていくのは、便利になって行くということなので、私たちは決して悪くはないと思います。むしろ、それらをうまく活用し、もっと便利に、もっと豊かにすることが大切だと思います。

　これで、二班の発表を終わります。質問のある方……。

S4　遅くなりましたが、資料の説明をします。

（P.137の資料を指しながら）大体が広告関係ですけど、たとえばこの「銀座第一ホテルで週末はグ

（板書）
ストリート
　道を歩く
　流行の格好

ルメ食べ放題」や「グルメの秋　ゴルフの秋」というのも、これも全部旅行会社の広告です。そして、今、雑誌の『ランキングルメ』というのには「グルメ」という言葉が多く出てきます。『恨みシュラン』にもあります。「ガーデニング」というのは、テレビ番組の「テレビチャンピオン」というところで「秋のガーデニング王」と使われていました。「ガーデニング」というのは何かの講習にも、もうなりつつある言葉です。以上です。

═一組二班の場合═

〈班の動き〉

男女各三人、計六人の資料数は三七。資料を、外来語に関するもの、意味の分かりにくい表現、分かりにくい造語、シャレや当て字のおもしろいもの、の四種類に分類し、その中の外来語とおもしろい当て字の二つを取り上げることにした。理由は「日本語というと堅い感じがするけれど、実は楽しくて遊べる言語だと思ったから。」である。みんなに考えてほしいことは、当初、「外来語が日本の一つの文化になっている。日本の言語文化にとけこんでいる。」と「日本語は表記などで遊ぶことができる。」の二つであった。

ところが、説明の手順を話し合ったり、説明の根拠とするために他の班の資料を探したりするうちに、次のような主張に変わっていった。

> 外来語や当て字などがとけこんできている。それは、日本語や日本語を話す私たちにとっていいことなのだろうか。

疑問の形をとっているが、むしろ反語に近く、外来語や当て字はよくないことではないかと考えるようになったのである。

〈説明の手順〉

前置き　外来語や当て字などが日本語にとけこんできている。

なぜなら　日本語では言いきれないことを外来語で言えるし、当て字によって伝えたいことをより多く伝えられる。

（例）　グルメ　湯ったり

しかし　それによって意味が伝わりにくくなる場合もある。

（例）　外来語の多い広告文

ところで　今まで挙げた二つの考えから受けとめ方がいろいろあるけれど、あなたはどう思うか。

つまり　外来語は会話をスムーズにし、当て字は表記をおもしろくした。しかし、それによって日本独自の文化が失われていくかもしれない。

この班も、説明のための資料を補うために他の班の資料も探した。その結果、当て字については、漢字の表意文字としての特性を利用したものと、単なる同音の遊びとしか思えないものを対比させる資料を集めた。外来語についても、同義の日本語より使いやすいものと、多用で意味の分からないものを対比させると同時に、アルファベットによる表記と日本語の表記を併用した資料を見つけ、問題提起の材料とした。これらの資料は一枚にまとめ、模造紙大に拡大コピーして掲示すると同時に、生徒の手元にも同様のプリントを配り、発表の時に聞き手にわかりやすいようにした。また、論の展開が聞き手に分かりやすいよう、ポイントを模造紙に書いて掲示することにした。

〈発表〉

外来語や当て字がとけこんできている。それは日本語や日本語を話す私たちにとっていいことなのだろうか。

S1　これから一班の発表を始めます。

まず、一班の主張は、外来語や当て字が日本語にとけこんできていますが、これは日本語や日本語を話す私たちにとって本当によいことなのだろうかということです。

まず、プリントの①の例を見てください。どれもよくある感じの言葉遣いや書き方ですね。けれど、よく見ると外来語や当て字が使われています。

では、「ちょっとグルメなプレゼント」という例を見てください。「グルメな」という表現は、直訳すると「食通な」となります。しかし、「ちょっと食通なプレゼント」というと、逆に分かりにくくなってしまうでしょう。だから、「グルメ」という外来語を使った方がいいといえますね。

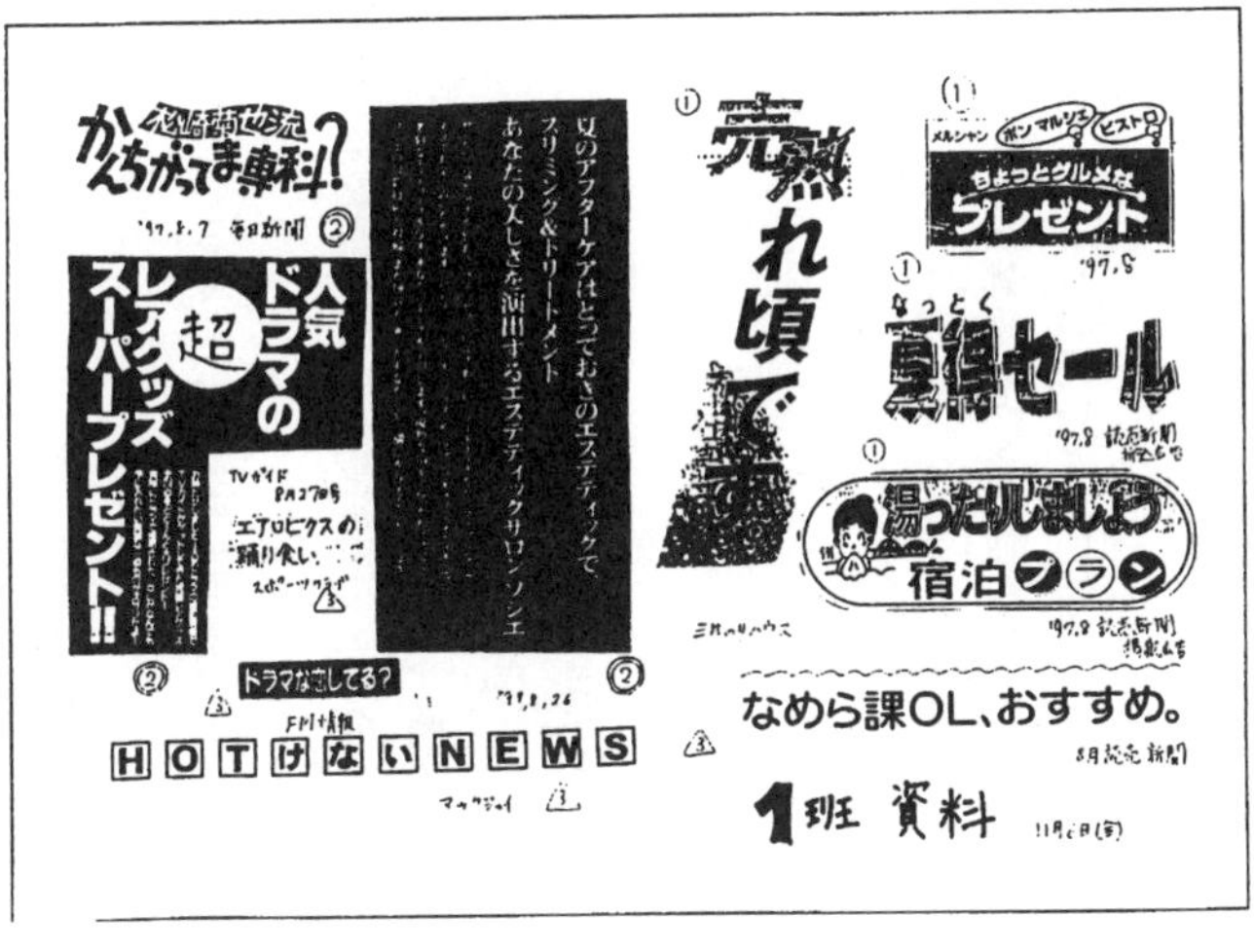

（班の生徒の動き）

班の主張を書いたものを掲示

上記の資料を掲示。同時に、それをプリントにしたものを配布。

S_2　次に「なっとく」という文字を例のような文字（「夏得」）で表すと、「夏のお得セールなんだ」ということが分かります。

　そして、「ゆったり」もお湯の「湯」という文字を用いることによって、温泉ツアーの案内なのだということが分かります。

　また、「熟売れ頃です」という例は、二つの同音漢字を用いることによって二つの意味が同時に伝わり、「熟していて売れ頃です」というより早く頭に入るでしょう。これは、漢字の持つ意味を生かしています。

　このように、外来語や当て字を使うことによって、伝えたいことをより早く分かりやすく伝えることが出来るのです。


日本語では言いきれないことを外来語で言いきれるし、当て字によって伝えたいことをより多く伝えられる。

S_3　では、②の「ソシエ」の例を見てください。この広告では外来語が多く使われています。そこで、初めの三行を外来語を使わず分かりやすく言い換えてもらいたいと思います。K君お願いします。
K　………
S_3　それでは、急にはできないようなので、班で相談してみてください。
（各班で相談。「アフターケアー」「エステティック」「スリム」を訳す声があちこちから聞こえる。）
S_3　それでは、K君の班に、相談したことを言ってもらいたいと思います。
K　夏の後始末は（まわりから笑い）、とっておきの……ちょっとわかりません。

要点の一つ目を掲示

聞き手の生徒を指名している。これ以後の指名も同じ。

S_3　じゃあ、Oさんの班に言ってもらいたいと思います。
O　夏の後の手入れは、とっておきのエステティックで、やせていてトリートメント……よくわかりません。
S_3　もう一班だけ、Tさんの班に言ってもらいたいと思います。
T　夏の後処理（まわりから笑い）、エステティック……
S_3　ありがとうございました。「スリミング」など、何だこれはという表現が多すぎて、何を言いたいのか分かりにくくなっています。

　また、「人気ドラマの超レアグッズスーパープレゼント」という例を見てほしいんですけど、この例の「スーパープレゼント」というのは、「スーパー」がなくても通じます。それから、その上の「かんちがってま専科」という広告の「専科」という漢字は使わなくてもいいのではないかと、私たちの班は考えました。それより、「専科」の意味を知ってますか。多くの人は何となくしか分からないでしょう。だから、当て字によって、ただの問いかけであったはずの文も分かりにくい文になってしまいます。

　つまり、外来語や当て字により伝えたいことが分かりにくくなることもあるのです。

> それによって、意味が伝わりにくくなる場合もある。

S_4　それならば、次に挙げる例はどうでしょう。
　まず、「なめら課ＯＬおすすめ」という例は当て字を使っていますが、「夏得」や「湯ったり」の例とは違い、「課」という字は、この場合意味を持たない文字です。だから、当て字というより文字の遊びのようになってしまいます。このような当て字をあなたは日常生活で書きますか。

要点の二つ目を掲示

次に「エアロビクスの踊り食い」。「エアロビクス」は食べ物ではありません。いったい何を言っているのでしょう。

また、「HOTけないNEWS」、これはどういう意味でしょうか。答えてもらいたいと思います。M君。「エアロビクスの踊り食い」と「HOTけないNEWS」、どちらでもいいんですが。

M　よくわかりません。

S₄　では、また班で相談してください。

（「HOT」と「ほっとけない」の関係について話し合う声が多い。「踊り食いって何？」と聞く帰国生の声もある。）

S₄　そろそろいいでしょうか。ではもう一度、M君の班。

M　「ホット」って「熱い」じゃないですか。「温かい知らせ」みたいなの。

S₄　では、Aさんの班は。

A　新しいニュースのほっとけないっていうのを、「新しいニュース」っていうのと「ほっとけない」の「ホット」っていうのを組み合わせたんじゃないかな。

S₄　ありがとうございます。じゃあ、F君の班は。

F　「エアロビクスの踊り食い」はよく分からないんですけれど、「HOTけないNEWS」っていうのは、新しい新鮮な熱々の状態のニュースとか、それは見逃せないっていうか、ほっとけないっていうか、そういうのが言いたいんだと思います。

S₄　これは「ちょっとグルメなプレゼント」とは違い、英単語をそのまま並べています。ここがちょっとひっかかるところです。

では、「ドラマな恋してる」というのはどうでしょうか。この「ドラマな恋とは」どういう意味ですか。

S₄ I　「ドラマな恋」っていうのは、ドラマチックな恋だと思います。

S₄　ありがとうございます。ほかに。

Y　ドラマのような恋。

S₄　ありがとうございます。今出た二つのように、どちらも考えられて、片方に決められません。結局、何となくイメージで理解していることと同じです。

イメージで理解している場合もある。

要点の三つ目を掲示

S₆　今までの四つの例は、書き方として、また話し方として、日本語に受け入れられるでしょうか。外来語は会話のテンポをあげ、当て字は表記の同音のおもしろさを取り入れる効果がありま す。しかし、それは本当によいことなのでしょうか。実は日本独自の文化が失われているのもしれませんね。

これで、一班の発表を終わります。

(3)　相互交流、相互啓発の面からみた生徒の様子

この二つの班の発表を、聞き手である生徒たちはどのように受けとめたのであろうか。評価票（P.146下資料参）の「日本語の現状についての新たな発見」「班の主張に対する意見」の中から探ってみたい。

初めの二班の発表を聞いて、もう一方の発表者である一班の生徒は次のように書いている。

生徒Ａ
班の主張に対する意見
・うちの班は外来語など本当にいいことなのか?と思っていたので、二班の発表を聞くといいのかもしれないと思った。

生徒Ｂ
日本語の現状についての新たな発見
・私たちの班は日本語が変わっていくのはいいことなのか？と主張したが、この班が言ったことによると、いいことであった。いろいろな見方がありますね。
班の主張に対する意見
・日本語は生きているとありましたが、他の言語は？

この二人は、二班の発表を聞くことにより、新たな見方を知ると同時に、自分たちの班の考えを見直している。とくに生徒Ａにそれがよく表れている。先の一組一班の班の動きのところで述べたように、この班の主張は、発表までの過程で、外来語や当て字を肯定する立場から、日本語の変化を「憂慮」する姿勢に変わってきた。しかし、生徒Ａは、二班の発表を聞いたことで、はじめの立場もよかったと考えていることが

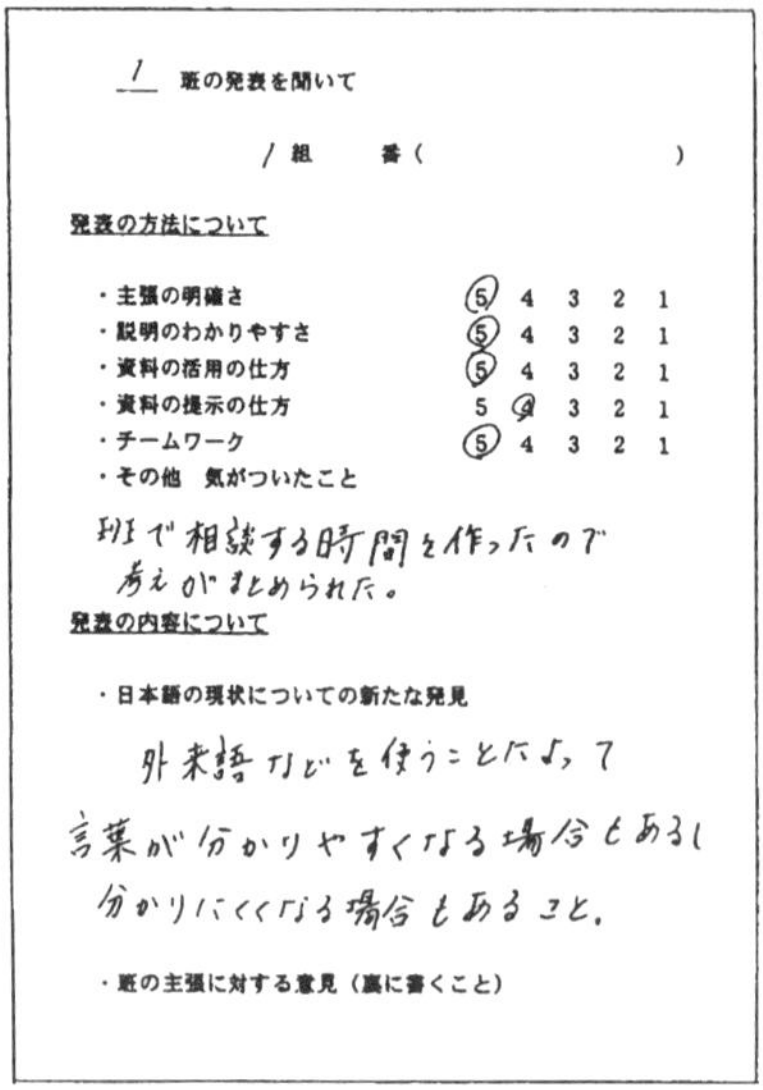

1 班の発表を聞いて

1 組　　番（　　　　　　）

発表の方法について

・主張の明確さ	⑤	4	3	2	1
・説明のわかりやすさ	⑤	4	3	2	1
・資料の活用の仕方	⑤	4	3	2	1
・資料の提示の仕方	5	④	3	2	1
・チームワーク	⑤	4	3	2	1

・その他　気がついたこと
班で相談する時間を作ったので考えがまとめられた。

発表の内容について

・日本語の現状についての新たな発見
外来語などを使うことによって言葉が分かりやすくなる場合もあるし分かりにくくなる場合もあること。

・班の主張に対する意見（裏に書くこと）

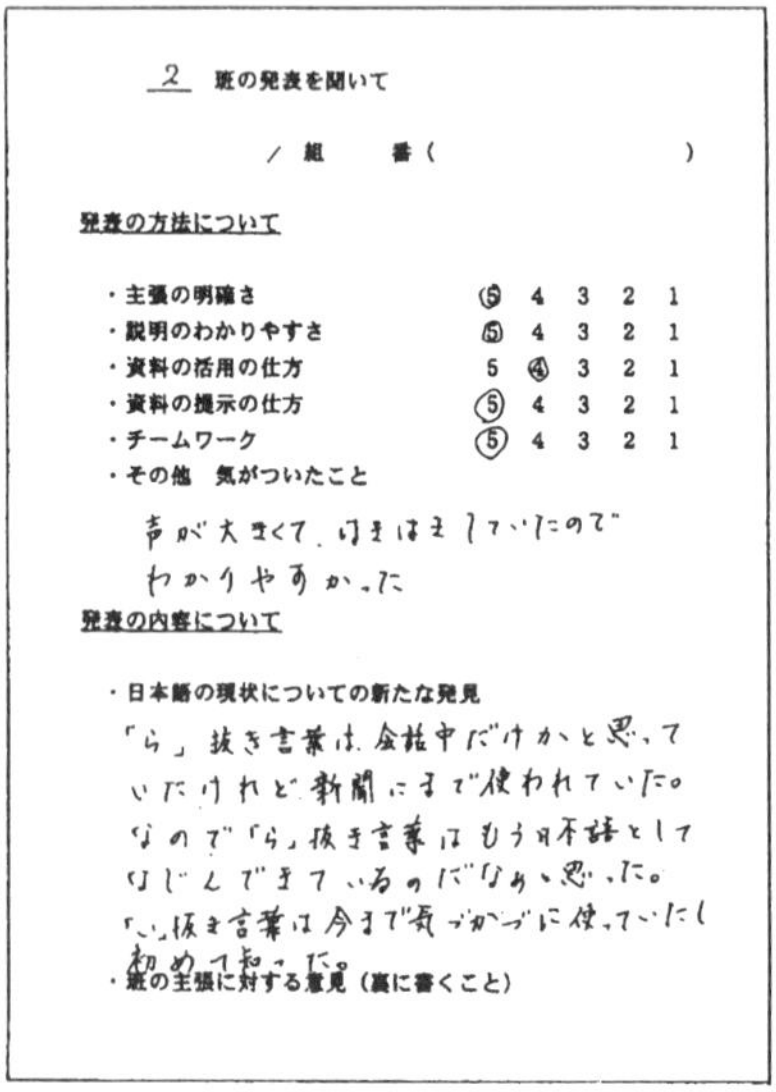

2 班の発表を聞いて

1 組　　番（　　　　　　）

発表の方法について

・主張の明確さ	⑤	4	3	2	1
・説明のわかりやすさ	⑤	4	3	2	1
・資料の活用の仕方	5	④	3	2	1
・資料の提示の仕方	⑤	4	3	2	1
・チームワーク	⑤	4	3	2	1

・その他　気がついたこと
声が大きくて、はきはきしていたのでわかりやすかった

発表の内容について

・日本語の現状についての新たな発見
「ら」抜き言葉は会話中だけかと思っていたけれど新聞にまで使われていた。なので「ら」抜き言葉はもう日本語としてなじんできているのだなぁと思った。「い」抜き言葉は今まで気づかずに使っていたし初めて知った。

・班の主張に対する意見（裏に書くこと）

わかる。学習のまとめの意見文も、カタカナ語について肯定的に受け入れる立場で書いている。（P.152参）
一方の、二班の生徒は、一班の発表を聞いて次のように書いている。

生徒C
日本語の現状についての新たな発見
・英単語をそのまま日本語に掛け合わせている言葉があること。
・カタカナ語が多すぎるため訳しにくくなる。
班の主張に対する意見
・私たちの班では新しい言葉を取り入れたほうがいいと思いました。なぜなら、新しい言葉を入れることによって、いろいろなものに対して、いろいろな表現のしかたができるからです。それによって、日本独自の言葉＋外来語＋時代によって作られていく（変わっていく）日本語が合わされて言葉が豊かになるからです。

生徒D
日本語の現状についての新たな発見
・日本語が失われつつあるというのは本当だろうか。
班の主張に対する意見
・うちの班（二班）とは反対に、カタカナ語や当て字はよくないとする発表だった。しかし、当て字は、他の言語や国では不可能に等しいわけであって、日本語の特性だと思う。
・広告の資料がほとんどだったけど、こういうものはインパクト、明確さが必要なんで、これも別にいいと思う。

先の生徒A・Bが、相手の発表を聞いて新たな見方を学び、揺らぎを見せているのと対照的に、この二人は、他方の発表を聞いて自説をより確かなものにした感がある。

では、発表にあたった班以外の生徒は、どのようなことを発見し、また、どのような意見を持ったのであろうか。まず、二班の発表を聞いて、日本語の現状についてどのような新たな発見があったのか見ていく。

・「ら抜き言葉」を使う人が多いけど、本当はまちがっているということ。（帰国生）
・「ら抜き言葉」は会話中だけかと思っていたけれど、新聞にまで使われていた。なので、「ら抜き言葉」はもう日本語としてなじんできているのだなあと思った。
・「ら抜き言葉」がすごく定着してきたなあと思った。
・グルメという言葉がフランス語だということなどいろいろなことがわかった。「ら抜き言葉」などけっこう使われていることもわかった。
・日本語が変わっていくのは私たちに必要なことで、決して悪いことではないということ。
・「ガーデニング」はよく考えると変な言葉だと思った。
・ごく普通に使っている言葉も意外によく分からない（例　グルメ）。日本語よりカタカナ語のほうがイメージがよい場合もある。
・カタカナ語を使うことで同じことをさしても中身が変わっていくこと。意味もなんか違うふうに受けとめられる。

これらの意見からも分かるように、「ら抜き言葉」が日常会話の中で自然に使われていることを改めて感じたようであった。生徒にとって「見れる」「出れる」「食べれる」は違和感のない言葉なのである。「間違っている」と感じていないのが生徒の現状かもしれない。ある生徒は次にように書いている。

・ぼくも日常生活の中では「ら抜き言葉」をつい使ってしまっているけど、なぜ「見れる」が正しい日本語にならないのか疑問です。

また、カタカナ語と日本語の語感の違いに気づいた生徒もいることがわかる。

この班の主張「時代によって日本語は変わっていく。だからその時代時代の日本語を理解していこう。」に対しては、次のような意見があった。

・この班の主張はなるほどといえるところがあった。便利になっていくにしたがって日本語は変わっている。僕の班は略語について考えたが、この主張と似ている。日本語は時代にともない生きているのもなるほどと思う。
・日本語は変わってきているという主張は、うちの班（注　若者言葉・造語・「ら抜き言葉」を扱い、日本語は変化していると発表）と同じでした。私はやっぱり日本語は変わらなければいけないと思います。
・日本語というのは常に変わっているというのは、僕たちの班の若者言葉と共通していると思うから、時代によって言葉は変わっていると思う。
・日本語が変わっていくのは当たり前であり、それらを受け入れるのが大切だと思った。
・「時代によって日本語が変わっていく」といっていたが、ところどころ変わっていくのもあるが、「日本語が」とすると、少し大げさな気がする。
・私も日本語は変わってきていると思う。私はそれを受け入れたいけれど、人それぞれの受け入れ方があるのではないか。

この他にも、二班の主張に同意を示す意見が多かった。自分の班と取り上げた題材は違っても、主張は共通だという意識である。

発表の中にあった「日本語は生きている」という表現は、指導者も交えて班の話し合いをしているときに出てきたものである。この言葉は、班の発表の中でも使われたが、聞き手の生徒の印象に残ったようで、「日本語は生きているという表現はよかったと思います。」と評価票に書いた生徒もいた。

もう一方の、一班の発表を聞いての新たな発見については、次のような意見があった。

・外来語の交じった文はよく考えてみるとわけの分からないのが多い。一班の人もいっていたように、外来語の交じったものはなんとなくで内容を理解してしまっているのだなあと思った。
・何となく聞いていた広告文なども、よく考えてみると変な日本語だということを改めて思った。
・日本語の使い方がどんどん変わってきていると思った。

外来語の使用について、よい面とよくない面を比較して述べたことが、聞き手の印象に残ったようである。何となく理解したつもりになっていたカタカナ語（外来語）について、あらためて考えさせられた生徒が多かった。

この班の主張に対しては、次のような意見があった。

・私は、時代によって日本語は変わっていくと思う。昔からある言葉で、今ない言葉もたくさんあると思うし、このカタカナ語も、あと一〇〇年、二〇〇年したら日本語として定着していくかもしれない。だから、新しい日本語としてうけいれていくべきだ。
・日本語を話す私にとって、外来語や当て字がとけこむことはいいことだと思う。でも、それらによって今までの日本語がくずれていることにもひっかかる。

・私は、日本語が変わってくることはいいことなのかということについて、どちらともいえません。なぜかというと、日本語の文化を守るのは大事だけど、現代のことも入れてきたほうがいいからです。

ここからもわかるように、はじめの二班の発表を聞いたときは日本語の変化を肯定的に受けとめたものの、次の一班の発表によってもう一度考え直す生徒もいたようである。

(4)　学習のまとめとしての日本語の現状のとらえかた

各班の発表を終えたあと、学習のまとめとして、日本語の現状や将来についての意見を各自でまとめさせた。全体を通してみると、カタカナ語を取り上げた生徒がもっとも多く、次いで略語となる。班の発表がそうであったことから考えると、予想された傾向といえよう。

ここでは、(3)で取り上げた二班の生徒Cと、この二班の発表を聞いて意見に変化の見られた生徒Aのまとめを紹介する。

生徒C

私は自分の班の発表のための資料集め、プリント作成、いろいろな準備、そして当日の発表を終えて、今の日本語について非常に詳しく分かりました。特に新しくわかったことは、私達の班の主張でもあった「日本語は生きている」です。勿論みんなの発表でも「日本語は生きている」のようなことは理解できましたが、自分で調べると、現実に「生きている」ことが分かりました。

私たちの班は「ら抜き・い抜き言葉」とカタカナ語でした。特にカタカナ語については、日本語が揺れているような感じがしました。その量、一つ一つの使い方、工夫の仕方、またそれぞれの取り入れ方、とらえ方、すごいと思いました。発表で使用した「ガーデニング」、日本語として定着してしまいました。しかし、辞書には載っていません。いや、でもすぐに載るでしょう。その理由も、発表で述べたとおり、人間の特徴だからです。いや、それよりも日本人の特徴だと思います。日本人は取り入れるのが大好きなのです。そして、このことについても、わたしは決して悪いことだと思っていません。便利というよりも豊かにする、それが「日本語が生きている」ということなのだからです。

　これからも、いろいろな方向からいろいろな言葉が生まれたり、変化したり、消えたり、取り入れたりすると思います。その豊富の言葉の中にも、日本の伝統的な言葉、古い言葉も保ちながら、毎日新しい言葉と出会うというのがすばらしいと思います。

　私は、私達の班の発表を終えてそう思いました。


この生徒は、海外からの帰国生徒である。日本語、日本人を客観的に見ながら、日本語の変化を肯定的に見ており、発表のときから変わらぬ意見をもっている。

生徒Ａ

　私の最近の口癖は「超ナイス」だ。その一言を分析してみると、外来語「ナイス」が使われていることに気付く。そういえば、外来語といわれるものが現代において日本語にとけこみ、気がつかなければそれをもひっくるめて日本語だといってしまいそうな状態になっている。例えば、「ちょっとグルメなプレゼント」という懸賞の広告に、「グルメ」という外来語が用いられている。別に特別な違和感はなかったのではないだろうか。では「グルメ」を日本語に訳してみよう。辞書を引くと、「食通な」と書いてある。しかし、「食通な」という言葉は普段あまり使わない。だからそれを「グルメ」という外来語で表すことにより、私たちはその言葉の意味を感覚的ではあるが、日本語で言うより早く理解できるといえるだろう。外来語は、そのような利点から日本語にとけこんでいるのだと思う。

　また、外来語は話のテンポを挙げるという利点もあると思う。「レア物」の「レア」は外来語である。これは、「貴重な、珍しい」という意味を持っている。これも日本語で言うと、「貴重なもの」となる。しかし、「貴重な」というより「レア」と言ったほうが早い。他にも「色彩に富んだ」というのを、「カラフル」といったほうが、かなり早い。だから外来語は話のテンポを挙げているのだと思う。

私は、このように外来語がいくつかの利点を持って日本語にとけこんでいることを、すごくいいことだと思う。なぜなら、外来語を使う分、堅苦しい日本語や難しい日本語が減って分かりやすくなると思うからだ。しかし、このまま外来語が増えて、とけこんでいったら、日本語は外来語に占領されてしまうかもしれない。そう考えてみると、外来語を使うということは、日本の文化を自分達で一つなくそうとしているのかもしれないと思えてくる。しかし、会話の中でなど、無意識に使ってしまうし、別に使うのをやめようとは思わない。日本語が時代に応じて変化するのは当然のようなことだ。だから、外来語がとけこんでもいいと思う。今のように、日本語も外来語も共存していてほしい。
私は外来語がとけこんできていることを、いいことだと思う。

このように、生徒Aは発表のときと意見が変容していることがわかる。

カタカナ語を取り上げた生徒は、その大半がこの二名のように肯定的に受け入れようとする意見である。ある学級では、外国語をそのまま取り入れることのできる日本語の柔軟性について発表した班があり、その中のひとりは、意見文を次のようにまとめている。

近頃、新聞の投書欄等に目を通すと、必ずといっていいほど日本語について書かれたものが掲載されている。その内容を見ると、数年前話題になった「ら抜き言葉」についてや、敬語の使い方など文法的なことが大半を占めているが、それと同じくらい多くなってきたものが、いわゆる「外来語」についての投書である。これは主に「意味が分からない」「やたらと使いすぎだ」「何でも外国語を使えばいいというものではない」「そもそも同じ意味の語を外国語に訳す必要はない」などの批判的な内容が書かれている。しかし、本当に外来語をカタカナとして利用し、日本語と併用することは意味不明で無意味なことなのであろうか。この問題を解決するために、私は周りにある外来語といわれているものを集めてみた。その中から、まず次の語を見ていただきたい。
プライバシー　ダイエット　デビュー　センス　オリジナル

ここにあげた語は、私達が普通何気なく目にするものである。では、これらを日本語に直してみたらどうだろう。まず、「プライバシー＝私生活を他人に知られず、また干渉されない、個人の自由。」となる。「プライバシー」という外来語を使えば、たった七文字で表せるが、日本語では実に二十字を越す長ったらしいものになってしまっている。また、「センス＝物事の微妙なよさを知る心の働き」ということにも、同様のことが言えるであろう。そして、残りの三つも、日本語に訳すと、どこかかたい感じの調子の悪い言葉になってしまう。このように、外来語の中には、日本語で表しにくい意味の言葉を簡潔に表してくれるものがあることが分かる。特に、前に記した言葉などは、もうすでに日本語に定着した感のある外来語である。

第二に、次の言葉を見ていただこう。

ハイグレードな品質　シックな外観　スペシャルな日　クリーンな車

ここに挙げた例は、外国語に「な」をつけ、形容動詞化したものであるが、これといって不自然なものはない。それどころか、日本語にない新鮮な響きをもたせ、変化を与えている。また、最後の「クリーンな車」という言葉については、外見的にきれいというだけでなく、環境に対してきれいなどというように、一つの語からさまざまな意味を連想させている。このように、外来語には日本語にない利点を持っていることが分かる。

さて、これまでの考察により、外来語の意味を実証してきたわけだが、それと同時に、日本語というのはたいへん柔軟性の高い言語であるということも言えるだろう。異国語同士を併用するということを、私達はごく自然に行っている。そう考えると、日本語というものはやはりすごい、ということを実感させられてしまう。

二十一世紀に向けて、今後いっそう多くの外国語が日本に入ってくるだろう。そんなときも、かたくなに外国語を否定するのではなく、その利点を大いに活用し、日本語とうまく調和させ、発展させることが、これからの日本語の成長に重要なことではないだろうか。

外来語（カタカナ語）を使うことにより、日本語より意味が豊かに表せるものがあることを指摘すると共に、外国語に「な」をつけて日本語として取り入れてしまう日本語の柔軟性――日本人の柔軟性ともいえるが――に着目し、それを評価したうえで、日本語と外国語の調和の必要性を述べている。カタカナ語の使用について、積極的な姿勢とも言えよう。

一方で、カタカナ語について疑問の目を向ける生徒もいる。

日本語は乱れているといいますが、その乱れ方には二つのパターンがあると思います。一つはカタカナ語のような、意図的に日本語が遊ばれているケースで、二つ目は「ら抜き言葉」など、いつのまにか本来の使い方や意味が忘れ去られているケースです。また、乱れた日本語は、(若者の)日常会話の枠を越えて、大手新聞などまで、その使用範囲を広げています。

結論から述べると、前者の乱れに対しては「日本語の柔軟性を表してはいるが、恥ずべきことである。」と思いますし、後者の乱れに対しては「このような変化は必然的であり、将来定着していくだろう。」と考えます。これらの考えの理由は、以下に述べるとおりです。

まず、前者の乱れがたとえ一瞬人の目を引いたとしても、見苦しいものになりかねないということを証明していきたいと思います。

(例1) 世界最大のノンフィクション・エンターテイメント
　ディスカバリーチャンネル　あなたの街にもいよいよ上陸
(例2) エンジョイする
(例3) ○○グッズをGET!

カタカナ語を並べてみました。例1については、一つ一つのカタカナ語を見れば、日本語よりわかりやすいものがあるにしても、数が多すぎて、カタカナの多さから来る迫力と、一種の「カッコよさ」だけが残り、何のことだかわかりません。例2については、意味はわかるのですが、「エンジョイ」と「する」が何ともちぐはぐな感じです。例3は、

「ＧＥＴ」の部分がもはや英語なのかカタカナ語なのかがわからない域に達しています。いかに「日本語」として不自然であるかはわかっていただけたと思いますが、ここで気がつくのは、文法上ではカタカナ語の影響がないということと、意味の通る文もあるということです。これはやはり、日本語の柔軟性を表しているといえるでしょう。それにしても、私は外国語のことをよく知りませんが、これほど母国語をもてあそび、ただおもしろいだけのものにしようとしている国は、そう多くないと思います。私個人としては、このような表現の仕方は恥ずべき行為だと思います。

ここで述べておきたいのは、カタカナ語の中でも、日本語よりも単純に表せるもの（「プライバシー」「レセプト」など）は、外来語として取り扱われ、それこそ「カステラ」と同じように定着していった方がいいと思うことです。「カッコよさ」ではなく、それが使われる必要性が高いからです。

（中略）

日本語は乱れています。しかし、どこが本当の乱れなのかを見きわめ、改善しなければなりません。もはや古くなった日本語を使えというのではないのです。ただ、外国語の「カッコよさ」を感じる前に、母国語を大切にしてほしいのです。言葉と心の乱れは同時に起きます。大げさなことを言いますが、よい社会つくりは、よい言葉づかいから、です。

この生徒は、カタカナ語を取り入れる日本語の柔軟性を認めつつも、過度になったそれを「母国語をもてあそび、ただおもしろいだけのものにしている」と言い切っている。どこまでを特性といい、どこからが過剰というべきか議論になるところである。

また、言葉の変化についての意見を述べた生徒もいる。その一部を紹介する。

（前略）

言葉の変化は遠い存在ではない。むしろ生活に密着している。今書いた「れる・られる」は前からよく言われていた。この頃「全然」の使い方もおかしな人をたまに見かけるし、アクセントの位置変えや略語も多い。わたしはそのことにはあまり神経質ではないし、おもしろがっている部分がある。が、たまにどうもきれいではないなと思うこともある。知ったかぶりな言い方になるけれど、美しい日本語というものがあって、最近のはそれを無視していることがあるな、と感じるのだ。しかし、それがいいか悪いかというのは、別問題だ。わたしにはどちらかよくわからない。

　さて、先程のことについてだが、日本語についていろいろ知ることが大切だと思う。正しい日本語も知りながらあえてふざけるのと、間違えて使うのとでは、全然違うはずだ。

日本語は今、急速に変わりつつある。それを改善すべきなのかどうかはわからないが、日本語をもっと知ることは必要だろう。少なくとも、わたしはそうしようと思っている。思わなくても、言葉は自分を表すものだから、自然と考える。考えなければならなくなるのではないだろうか。

　時が経てば、今と全く考え方が変わっているかもしれない。どう変わっているか楽しみだ。とりあえず、今は中間報告として書いてみた。


（前略）

　このように、日本語、特に広告や宣伝などのキャッチフレーズにおいて、「正しい日本語」よりもイメージや印象が重視されている。言い換えれば「新鮮な日本語」とも言えそうだ。イメージや印象を重視することは決して悪いことではないと思う。まして、これからの情報化・国際化社会において「新鮮な日本語」は必要になってくるであろう。言葉は時代の流れに合わせて変わっていくものなのである。しかし、だからといって、「正しい日本語」を変えていってはいけない。日本語は我々の祖先が作りだした日本固有の文化であり、貴重なものである。これから私達日本人は、そのことをわきまえて生活していかなければならない。


広告や宣伝のコピー文は、「新鮮な日本語」と受けとめられていることが分かる。ある班は、発表の中で二十年前の広告文を二つ提示し、（「世界は広い。正確な知識が勉強にも役立つ。いま人気のこのすばらしい球形の世界を。」地球儀の広告／「広大な宇宙。その限りない神秘を観測してみませんか。」望遠鏡の広告）「カタカナ語やひねった言葉がないだけで、古くさく感じてしまう。そう感じることは、たった二十年くらいの間にも日本語は変わっている、つまり、進化している。」と述べていた。確かに、現代の宣伝のコピーは、イメージや印象を重視し、新しさを感じさせるのであろう。しかし、それと、あるべき日本語の姿は別物という意識が、この作文からもうかがえる。

6　評価と今後の課題

この単元の学習を通して、日本語の現状について考える「きっかけ」を与えることができたと思う。学習を進めていく中で、夏休みの課題に追加したいと新たな資料を持ってくる生徒がいたり、また、年間を通して取り組んでいる「言葉の学習」（本書Ⅰの三）のテーマを、気になる表現を集める学習に変更したいという生徒が出てきたりするなど、この学習に興味を覚えた様子がうかがえた。単元のねらいの一つである、日本語の現状や将来について関心を持つことについては、達成できていたとみていいのではないかと思う。

しかし、日本語の現状を考える切り口に、もう少し広がりがあるとよかったと思われる。今回の学習では、カタカナ語（外来語・外国語）や略語について関心を示した生徒が多く、これらの言葉と若者の言葉遣いとの関連なども生徒から指摘され、日本語の「今」を考えさせる機会になった。その他、当て字や「ら抜き言葉」、「若者言葉」、助詞の変わった使い方、造語なども扱われた。その一方、敬語については取り上げた生徒がごくわずかであった。敬語の乱れも社会では話題にされているため、なんらかの形で取り上げることが必要であったと思う。敬語に関して生徒が集めた資料が少なかったのは、その誤りが生徒に見付けにくいことも原因である。指導者から資料を提示するなどの方法も考えていくとよかったと思われる。

班の意見の発表については、論の展開の柱立てを明確にさせたことと、主張の根拠となる資料を集めさせたことから、どの班も具体的で聞き手に分かりやすいものとなっていた。また、発表の中に聞き手への質問などのやりとりを入れるよう指示したため、一方的に話すだけの発表になることは避けることができた。切り抜きなどの資料を拡大コピーで模造紙大にして掲示する方法をとる班が多かったため、例を「生」の形で見ることができ、聞き手の興味を引くことができていた。発表に使った掲示物は、その後も廊下に掲示しておいたため、他の学級の発表についても知ることができたようである。資料を生かして、聞き手に分かりやすく、日本語の現状への問題提起をするという目標については、十分なものが得られたように思う。

しかし、一方で、資料が広告や宣伝のコピー文にかたよった感がある。生徒が集めやすいということや、おもしろい資料が集まるという点ではよかったものの、中には意図的に変わった表現や言葉を使っているものもあり、それも考慮に入れながら日本語の「現状」を考えさせる必要があった。生徒の一人は、バスの中に掲示してある乗客への注意から敬語の間違いを探してきたが、このように、いろいろなところから資料を集めるようにしていくための指導の工夫が必要だと感じた。

変化する日本語への関心を持ち続けさせ、日本語のあるべき姿を考えさせていくためには、この学習をどのように継続・発展させていくべきであろうか。単元の目標の「日本語の現状や将来について、関心を持つ。」は、この学習の中だけで終わるものではない。言葉——日本語——を大切にする態度を育てるために、これからも、さらに積極的に日本語にかかわる授業を考えていきたい。

資料「ことば通信」

ことば通信

その11

平成九年　十月

この略語　知っていますか

高価格アダ・かけもち組辞退

"ドタキャン"相次ぐ香港ツアー

（6.24 朝日新聞）

夏の北海道で講演ドタキャン騒動

（週刊朝日　十月三日号）

「ドタキャン」・聞いたことありますか。朝日新聞に以前連載されていた「日本語よ」によると、「土壇場でキャンセル」を略した若者言葉だそうです。

略語については、言葉の学習で扱っている人もいますね。どんな言葉が思い浮かぶでしょうか。その中で、若者の間で使われる略語というと、どんなものがあるでしょうか。

「日本語よ」によれば、若者語には略語が頻繁に使われているということです。その要因が三つにまとめられていますが、みなさんはこの「現象」をどう受けとめますか。

日本語よ　21

若者語　**ドタキャン**

米川　明彦
梅花女子大助教授

良子「この間、彼氏と飲みに行くっていう話どうなったん？」

咲帆「あーあれ？　ドタキャンされてん」

良子「ウワー最悪！　あんたの彼氏たいがいやなあ」

咲帆「うん。でもお互いさまやし」

「ドタキャン」は、土壇場でキャンセル、つまり直前になって約束などを断ること。もともとは旅行業界の用語という。業界内から若者間の会話や、テレビでときどき耳にする。

若者語といえば略語と思ってしまうほど、略語がひんぱんに使われている。

先にこの欄で書いた「キヨブタ」（清水の舞台から飛び降りるの略）はその典型例。その他、家事手伝いはカジテツ、ダンスパーティーはダンパといった具合。

略語が使われる要因として、次の三つが考えられる。

第一に、現代社会のスピード化だ。効率よく、大量に物事をこなすことが求められている現代、話し方も早くなるのは当然の成り行きだ。若者はとくに、生理的な若さのゆえに上の世代より速く話すだけでなく、ことばそのものを略して会話のテンポをさらに加速している。

第二に、ことばの浮遊化だ。現代社会は、自由を求めてきた結果、個人の自由は拡大したが、自己を含めた事物の意味があいまいになり、輪郭を失った。そこから事物を言語化することがむずかしくなり、たとえ言語化しても意味はあいまいで、浮遊している。そうなると、ことばは軽く、扱いも軽くなり、どんどん略されていった。

第三に、社会全体の娯楽化だ。社会が平和で娯楽を求めている中で、若者は会話を楽しみ、ノリをよくするために既存語を略して、いままではなかった語形（音）をつくりだして、おもしろさを出している。これによって、会話を促進させている。

若者語の略語はまさに社会の産物だ。

（朝日新聞）

四　私の日本語発見
——「言語事項」への取り組み（中学三年生）——

1　教科書における「言語事項」の扱い方について

国語科の指導領域の一つに、「言語事項」がある。文法・語句・文字・音声など言語に関する事項を扱う分野であるが、どのように指導することが望ましいであろうか。

学習指導要領（昭和五二年版）における中学校の国語の目標「国語を正確に理解し表現する能力を高めるとともに、国語に対する認識を深め、言語感覚を豊かにし、国語を尊重する態度を育てる。」の中で、特に「国語に対する認識を深め」「国語を尊重する態度を育てる」に関わるのが、この「言語事項」である。国語の特質を学習することによって、言語活動をより確かなものにし、また、国語の正しい姿を守っていこうとする態度を育てるのである。

現行の学習指導要領は、それ以前のものを改定するにあたり、基本的な考えの一つに「国語力を高めるための基礎となる言語に関する事項が系統的に指導できるようにする」（『中学校指導書　国語編』第一章　第一節　国語科改訂の趣旨　昭和五三年五月　文部省）と掲げている。そこで、この言語に関する事項が、学習指導要領の中でどのように扱われているかということから見ていく。

まず、各学年の目標の(4)に、次のように示されている。

第一学年　国語に関する基礎的な知識を得させて表現と理解に役立てるようにさせる。

第二学年　国語に関する知識を深めて表現と理解に役立てるようにさせるとともに、国語の特質について気付かせる。
第三学年　国語に関する知識を整理して表現と理解に役立てるようにさせるとともに、国語の特質について理解させる。

傍線を施した部分からもわかるように、国語に関する知識を「得させ」「深め」「理解し」、より確かなものとして習得させることを目標としていることがわかる。それと同時に、第二学年では、「国語の特質について気付かせ」、第三学年ではそれを「理解させる」ようになっている。先の国語に関する知識の習得とも関連して、国語への認識を深め、国語を尊重する態度の育成を目指すために、このような目標が掲げられているといえる。

では、各学年の「言語事項」の内容には、どのようなことが示されているであろうか。これは(1)文法、語句などに関する指導事項と、(2)漢字の読み書きに関する指導事項の二つに分かれている。

国語に関する知識や国語に関する特質に深くかかわるのは、このうちの(1)であるが、次のように書かれている。

第一学年

(1)国語の表現と理解に役立てるため、次の事項について指導する。
ア、文章の中の意味の切れ目と続き方に注意し、文章の組立て、段落の役割、段落と段落との接続関係、文と文との接続関係などを考えること。
イ、文の中の意味の切れ目と続き方に注意し、文の組立て、文の成分の順序や照応、文末の表現などを考えること。
ウ、語句の組立て、単語の類別、活用などについて理解するとともに、指示する語句、助詞・助動詞・接続詞及びこれらと同じようなはたらきをもつ語句などのはたらきに注意すること。

エ、語句の意味と用法、特に辞書的な意味と文脈上の意味との関係、慣用句の表す意味、類義語の意味の違いなどに注意すること。
オ、語彙を豊かにすること。
カ、話し言葉と書き言葉、共通語と方言、音声と文字、表記の仕方などについて理解し、また、敬語の使い方を身につけること。

第二学年
(1)国語の表現と理解に役立てるため、第二学年の目標に基づいて、第一学年の〔言語事項〕の(1)に示す事項について指導する。

第三学年
(1)国語の表現と理解に役立てるため、第三学年の目標に基づいて、第一学年の〔言語事項〕の(1)に示す事項について指導する。

ここからわかるように、「言語事項」の内容は第一学年に具体的に示され、第二学年・第三学年は、それぞれの目標に基づいてそれを指導することとされている。第一学年で示された六項目のうちア・イ・ウは文法的な事項、エ・オは語句・語彙に関する事項、カは一般的な事項であるが、いずれも、表現と理解に結びつくものであり、また、国語の特質を表しているともいえる。それらは、学年ごとに分けられるべきものではなく、学年段階に応じて繰り返しながら深められていくものであるため、このような指示がなされているのであろう。

しかし、第二学年の目標の中の「国語の特質について気付かせる」、第三学年の「国語の特質について理解させる」については、どのような扱い方をすればよいのであろうか。第一学年に示された六項目を学習する中で、どのような学習が「気付かせ」「理解させる」ことになるのであろうか。

ここで、教科書の中で、この「言語事項」に示されたことがどのように扱われているかを見ていくことにする。対象としたのは、光村図書、学校図書、東京書籍、教育出版の四社の教科書（昭和五九年度版）である。各教科書とも、「国語」あるいは「言語」に関する単元と、「言語事項」第一学年の六項目そのものを二〜三ページずつに分けて収めた教材とがある。

まず、前者については、次の表に示した教材がとりあげられている。ここでは、国語や言語について考えることが主な目標である単元のみを示し、言語に関連した教材ではあるが第一目標が「言語事項」に直結しないもの――例えば、光村図書の「生きた言葉」（第一学年）「心と言葉」（第二学年）「言葉の力」（第三学年）――は除いた。表中の［　］で囲んだ部分は、単元目標である。なお、教育出版については、教材ごとの目標が示されているため、各学年とも、二教材のうちの後者の目標を記した。

	一　年	二　年	三　年
光村図書	四　言葉と生活 ［文章の内容をとらえ、言語生活について考える。］ ・砂糖の味をどう表現するか（徳川宗賢）	四　言葉と意味 ［文章の内容をとらえ、言葉について考える。］ ・智恵子の空――言葉、その表現と理解（渡辺実）	四　国語を知る ［文章の内容を的確にとらえ、国語について考える。］ ・日本語の特色（斎賀秀夫）
学校図書	七　ことばの発見 ［ことばに関する説明文・論説文を読んでことばや文字について理解し、言語生活に関心を持つ。］	七　ことばの力 ［ことばに関する文章を読み、ことばのはたらきやことばの特質について理解する。］	七　ことばと人間 ［日本語に関する文章を読んで、その特質について理解し、言語生活に対して関心を持つ。］

	東京書籍	教育出版
・動物のことばと人間のことば（入谷敏男） ・インディアンの手紙（加藤一郎）	一　言葉のはたらき 言葉の持つ意味やはたらきについて書いてある文章を読んで、生括の中での言葉の役割について考える。 ・今日見た花（新川和江） ・ものの名前（沢田充茂）	一　新しい出発 ・にじの見える橋（杉みき子） ・言葉を学ぶ（柴田武） 後者の教材の目標 言葉を学ぶことの意義を考える。
・ものにはすべて名まえがある（ヘレン＝ケラー／森岡健二訳） ・あいさつの言葉（川崎洋）	一　言葉と生活 季節や生活にかかわりを持つ言葉や、日本語の特色の一つである敬語に理解と関心を深める。あわせて、日常の話し言葉や敬語が場面に応じて適切に使えるようになる。 ・春（楠本憲吉） ・正しい敬語、美しい敬語（大石初太郎）	九　言葉と社会 ・映像化社会と言葉（堀川直義） ・沈黙の世界（加藤秀俊） 後者の教材の目標 具体例をとおして、言語生活のあり方を知る。
・日本人の言語表現（金田一春彦） ・人間を作ることば　ことばを作る人間（大野晋）	一　言葉の世界 一つの言葉に含まれている意味を考え、言葉から受ける微妙で豊かな感覚を味わうことを通して、生活や文化における言葉の大切な役割を知る。 ・桜の花びら・からまつの葉（渡辺実） ・急がば回れ（外山滋比古）	一　言葉の姿 ・季節の言葉（高見沢潤子） ・言葉とイメージ（福沢周亮） 後者の教材の目標 言葉とイメージの関係について知り、言葉の的確な用い方を工夫する。

　これらの教材の中で、国語の特質そのものを扱ったものとしては、次の六教材があげられよう。

・光村図書（三年）「日本語の特色」――発音組織、表記、文法の面からみた日本語の特色
・学校図書（三年）「日本人の言語表現」――日本人とヨーロッパ人との言語表現の比較
　　（三年）「人間を作ることば　ことばを作る人間」――日本人と日本語のつながり
・東京書籍（二年）「春」――日本語と季節のかかわり
　　（三年）「桜の花びら・からまつの葉」――日本語の語彙
・教育出版（三年）「季節の言葉」――日本語と季節のかかわり

　これ以外の教材は、言語や言語活動に関心を持たせるものであり、国語の特質に題材をとったものではない。しかし、四社の教科書のいずれもが、二年次か三年次のどちらかで、国語の特質を題材にした教材を収めていることがわかる。

　次に、後者の「言語事項」の六項目に示された国語に関する知識が、どのようにとりあげられているかをみていく。文法については、どの教科書も同じような扱い方であるため、それ以外のものについてまとめると、次の表のようになる。

	光村図書 —言葉の窓—	学校図書 —参考—	東京書籍	教育出版 —言葉の研究室—
一年	・母音と子音 ・漢字の成り立ちと音訓 ・類義語と対義語	・漢字の成り立ち ・慣用句 ・ことわざ ・古典のことばと仮名づかい ・話しことばと書きことば	・類義語・対義語 ・漢字の構成 ・複合語・派生語 ・古文の言葉遣いと仮名遣い ・漢字の音と訓	・語句の意味と用法 ・漢字の音と訓 ・和語・漢語・外来語 ・古文の言葉 ・話し言葉と書き言葉
二年	・音節の種類 ・漢字の組み立て ・意味のひろがり	・漢字の読み方 ・国語の表記のいろいろ ・類義語 ・熟語 ・故事成語 ・共通語と方言	・慣用句 ・漢字の組み立て ・単語の意味と語感 ・漢字の読み	・類義語と対義語 ・漢字の部首 ・単語の意味による分類 ・古文の言葉の意味 ・敬語の本質
三年	・音声と意味 ・敬語の種類 ・国語の表記と漢字 ・言葉の使い分け	・音声と文字 ・敬語 ・熟字訓 ・送り仮名と仮名遣い ・語源 ・格言 漢語・和語・外来語	・漢語・和語・外来語 ・漢字の成り立ち ・比喩と語義変化 ・古文の言葉遣い ・日本語の表記	・慣用句のいろいろ ・漢字の構成 ・語句の構成 ・日本語の特色

「言語事項」六項目のうちのエ・オ・カに示された「国語に関する知識」が、三年間に分けて収められている。学年にとらわれない事項であるため、教科書によって取り上げている学年が違うが、いずれも、国語の「断面」のままであり、全体を総合するようなものは見られない。教育出版の「日本語の特色」(三年)が、それにあたるくらいであろうか。

以上のことから、次のようなことがいえる。

① 学習指導要領においては、言語に関する事項を系統的に指導するよう各学年の目標が掲げられているが、国語の特質について「気づかせ」「理解させる」ための内容はとりたてて示されていない。

② 教科書の教材の中で、国語の特質そのものについて書かれたものは少ない。

③ 教科書の中で国語に関する知識を三学年に振り分けてとりあげているが、全体像をとらえたものは見られない。

これらのことから、国語の特質について「気づかせ」「理解させる」ためには、教材や指導の工夫がなされなければいけないことがわかる。

2　単元設定の理由と目的

前項で述べてきたような学習指導要領及び教科書教材の現状をふまえ、国語の特質に気づかせ、それを理解させるためには、特別な単元を組む必要があると考えた。

使用している教科書(光村図書　昭和五九年版　国語三)には、「日本語の特色」(斎賀秀夫)という教材が収められている。発音組織・表記・文法の三つの面から日本語の特色をまとめた説明文である。二年前にもこの教材を扱っている。その時は、一回目の読みのあと、教材を読んで初めて知ったことは「発見」、わからなかったことは「疑問」、もっと詳しく知りたいことは「興味」、それに「その他」を加えた四つの観点から内容を整理させ、それをもとに授業を進めていった。この時は、教材に書かれた内容についての理解を深めることは出来たが、それ以上の発展が生徒の中に見られず、日本語の特色について書かれた別の教材を補充として読ませるにとどまった。

今回は、この教材を単元の中にはとり入れるが、そこからの発展学習ともいうべき部分に力を入れる「日本語について考えよう」という単元を設定した。つまり、この教材から得た知識をもとに、さらに広い範囲で日本語の特色を「発見」させていくことを目的としているといえる。

この対象生には、二年次一学期に「言葉について考えよう」という単元を設けている。（本書Iの1参照）「言葉」あるいは「言葉遣い」に関する意見や資料を新聞・雑誌などから集め、それを参考にしながら、「言葉」に対する自分の考えをまとめていく学習であった。流行語・外来語・語感・言葉の使い分けなどを題材にして、話し合いをしたり文章をまとめたりしていくことにより、日常の言語生活を見直させることができた。

そこで、この学習の上に立ち、これまでに習得した国語に関する知識を、日本語の特色という観点から整理しなおすことが、義務教育の最終段階の国語学習には必要と考え、この単元を設定した。これは、国語の特質を理解させると同時に、正しい日本語・美しい日本語の姿に気づかせ、それを守っていこうとする意識を育てることも意図している。

3　授業展開

(1)　学習指導計画

単元名　日本語について考えよう

単元の目標　日本語の特色を理解することができる。

・教材「日本語の特色」を理解することができる。

・教材に取り上げられたもの以外の、日本語の特色を理解することができる。

学習指導計画

過程	時間	学習活動	指導の手だて
導入	1	・プリント「おん・ざ・すとりーと」を読み、日本語のおもしろさに気づく。 ・課題「日本語について考えよう」を知る。	・日本語を見直した時、何気ないところから、日本語の特色を「発見」できることに気づかせる。 ・日本語について、「おもしろさ」「難しさ」「複雑さ」などいろいろなとらえ方ができることに気づかせる。
展開		①「日本語の□発見」の形で、日本語の特色と思われるものを探す。	・三週間の期間を与え、二つ以上見つけさせる。 ・日常会話に材料を求めることを原則とする。

展開	6	②お互いが探した日本語の特色を知る。 ③教材「日本語の特色」の内容を理解する。 ④日本語の特色を考える。	・集まったものの中から、授業で取り上げたいものをプリントにして配る。 ・教材文に取り上げられた日本語の特色をまとめる。 ・②のプリントにおける日本語発見と比較し、内容の幅を広げる。 ・プリントの中で、日本語の特色といえるものはどれか考える。
まとめ	課題	・「私の日本語発見」と題し、日本語の特色の一つを文章にまとめる。	・日本語の特色の一つをとりあげ 1　特色についての説明 2　具体例 3　日本語（日本人）についての考え の三点を入れて文章にまとめる。

(2)　導　入

プリントにした「おん・ざ・すとりーと」は、『続ぱいぷのけむり』（團伊玖磨　朝日新聞社）の中に収められているもので、日本語のリズムを題材としている。新聞の見出しや広告の表現で、「動き出す行政監理委員会」（新聞の見出し）「しゃけししゃもさしみこのわたわたりがに」（お茶漬け屋のメニュー）「続々とイタリヤ製が新入荷」（広告）など、偶然五・七・五調になっているものが目につくということについて友人と語り合った後、「そのうちにゆっくり一杯やりましょう。」と言って別れたが、その言葉にもまた五・七・五調のリズムを気づかせられた、というものである。

これを読ませ、日常の言語生活を見直すと、日本語のおもしろさが発見できるということに気づかせた。また、おもしろさだけでなく、日本語の難しさ、複雑さ、おかしさ、不思議さなどを感じたことはないかという問題も提起した。書物を読んで、日本語の特質を学ぶことも大切だが、日常の言語生活の中から日本語の特色を発見させようというねらいである。

(3)　**展開①②**

次に示すようなプリント（B５版）を用意し、日本語の表現について気づいたことを書かせた。「日本語の□発見」の□の部分には、「おもしろさ」「難しさ」などの言葉を入れ、発見の根拠となる例文を左の囲みの中に書く。日常の会話からの発見に重点を置くことにした。一枚に一項目を書き、三週間を期限として、二枚以上書くことを課題とした。

（実際の記入例は次頁資料参）

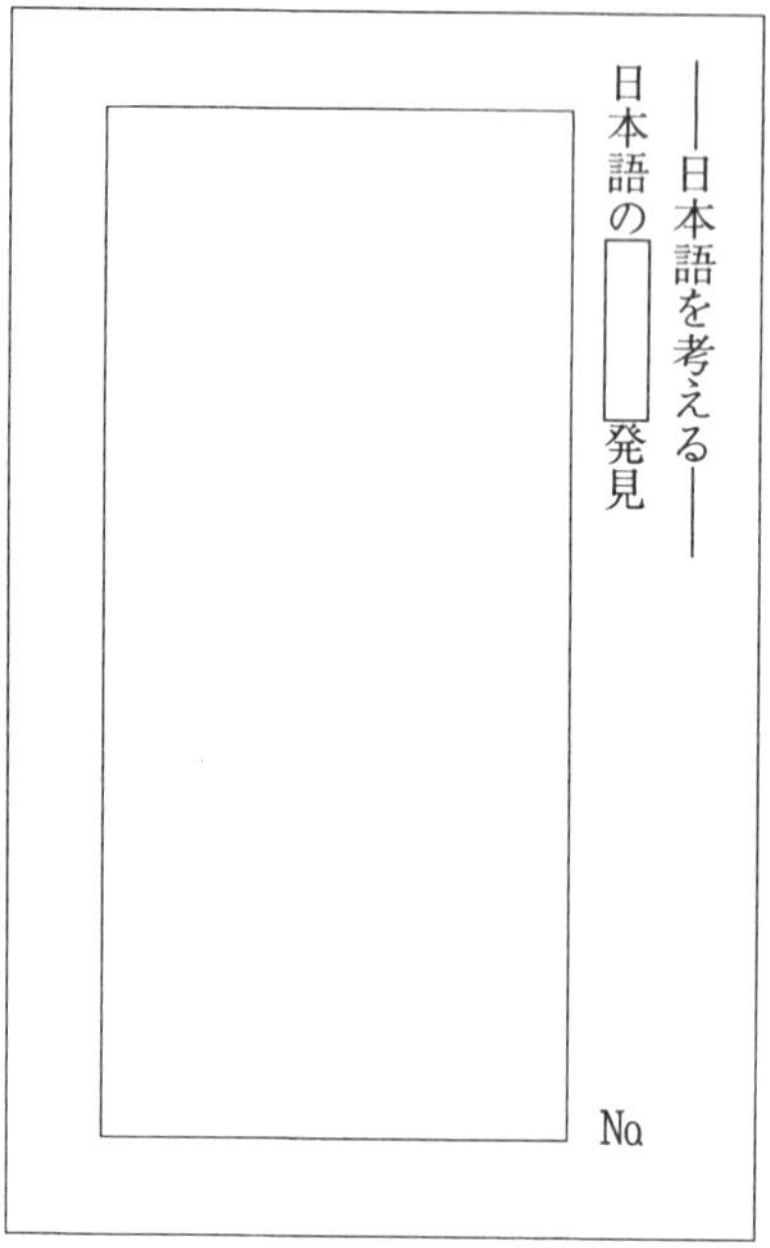

—日本語を考える—

日本語の 便利さ を 発見

（三）組（　）番（　）

この間英語の文章を著者が男の人だと信じこんで和訳していたら、「ハンドバッグ」という言葉が出て来て始めて女の人だとわかってとても驚きました。日本語には男言葉と女言葉があるから区別できていていいなあ、と思いました。

NO.1

—日本語を考える—

日本語の 難しさ 発見

（二）組（　）番（　）

日本語は、最後まで聞かなければ、肯定文か、否定文か、疑問文かが、わからない。

（例）英語と比較してみる。

・彼は、作家ですか。（・まで聞かないと、わからない）

・Is he a writer?（・を聞くだけで、疑問文だとわかる）

NO.2

—日本語を考える—

日本語の おかしさ 発見

（二）組（　）番（　）

「いちばん」という言葉について。日本語の乱れからかもしれないが『いちばん大切なこの二つ』というような文を見かけることがあるが、「いちばん」は「一番」なので『いちばん……この二つ』という文はおかしいのではないか。

NO.1

—日本語を考える—

日本語の 面白さ 発見

（一）組（　）番（　）

英語を勉強している時。日本語に訳していて。英語ではone、two、three……というように数を表すのに、日本語では、一羽、一匹……

NO.1

三週間後に集まったものを見ると、日常会話の他にも、広告からの発見、これまでの国語学習を振り返っての発見、英語との比較から気づいたこと、日本語と日本人との関わりについての感想など、題材は広い範囲にわたっていた。ほとんどの生徒は二枚提出したが、三枚提出した生徒が約二割、四枚以上が約一割であった。中には八枚という意欲を見せる生徒もいた。

それらの中から、後の授業の展開④に生かしたものを紹介する。

①　日本語の 器用さ 発見

「駅で降りると雨がしとしとと降っていたので、自転車で家へ帰る途中、突然ざあざあと降ってきて、家へ帰ったときはびしょびしょだった。」誰かの日記にでてきそうな文だが、この中にも擬態語が三つばかりでている。この擬態語は。日本語特有のものだと思う。これは荒っぽい言葉のようで、実は、状態を正確に表すことばだと思う。こんな日本語の表現の、豊かさ、器用さ発見!!

――擬声語・擬態語――

②　日本語の 美しさ 発見

英語なら、「おまえ、うちにくるか?」というのに、Do you come my home? というのに、日本語なら前にあげたようにも言えるし、「あなたは私の家にいらっしゃいますか。」とか言えるし、もっと違った言い方をすれば、「君、私の家にくるかい。」とか「あなたは私の家にきますか。」とも言え、立場に応じた言い方ができる。逆に見れば、めんどうくさいかもしれない。

――敬語、一人称・二人称の呼び方――

③　日本語の 詩情あふれる美しさ 発見

日本の言葉には、季節を表す美しい言葉がたくさんあります。例えば「風光る」という言葉があります。この言葉は、もちろん、風が光っているのではなくて、寒く厳しい冬がすぎて、春を迎えたころ、やわらかなそよ風が光って感じられるという意味です。そして「薫風」という言葉がありますが、五月の新緑のころに吹く風が、青葉・若葉の香りを運んでくるという意味です。

また、「雨」というのを見ても、季節によって、梅雨、五月雨、時雨などいろいろな言い方がつけられています。このような言葉は、日常生活にはあまり使われませんが、詩情のあふれる、ほんとうに美しい言葉だと思います。こんなに美しい言葉があることを、自然を見て思い出すことができれば、ほんとうにすばらしいと思います。

――日本語と四季――

④　日本語の 便利さ 発見

外国語、特に英語などは、主語・述語・目的語……と形式ばって言わないと通じない。日本語なんか外国語に比べたらいいかげんなもので、主語なんかなくても、いつも通じる。例えば、「もう行った？」「うん、行っちゃったよ。」とかいう文でもなり立つ。そういう点で、なんて日本語って簡単で便利なんだろうと思う。

――語の省略――

⑤　日本語の 便利さ 発見

この間、英語の文章を、著者が男の人だと信じこんで和訳していたら、「ハンドバック」という言葉がでてきて、初めて女の人だとわかってとても驚きました。日本語には男言葉と女言葉があるから区別できていいなあと思いました。

――男女の言葉の区別――

⑥　日本語の 面白さ 発見

英語を勉強している時、日本語に訳していて、英語では one, two, three ……というように数を表すのに、日本語では、一羽、二匹……と数える。

――物の数え方――

⑦　日本語の 面白さ 発見

バスの中の、ある塾の広告

「あなたの子供は、解るまで帰れない。」

これは、(1)あなたの子供は問題が解けるまで家に帰ってはいけない。(2)あなたの子供は解けるまで夢中になり帰れない。の二通りの意味にとれる。

――あいまいな表現――

⑧　日本語の 便利さ 発見

『太陽　第二五〇号　八三・五月号』(P.66)評論家　吉川勇一氏の、ワープロを使ってみての感想。

「一定の内容を文字に表すとき、漢字は『表意』の点では優れていても、伝達する早さは、どんなに早く書いてもローマ字にはかなわなかった。それがワープロだと勝ってしまう。文化の優劣を云々するわけではないんですよ。ただ情報の『量』を問題とすれば、そのうち東が西にまさってくるだろう、と。……」

――漢字――

⑨　日本語の 不便さ 発見

日本語には、「身につけている」という様態を表す言葉が、対象物によってそれぞれ違う。例をあげると、「服」なら「着る」、「靴」なら「履く」、「眼鏡」なら「かける」、「帽子」なら「かぶる」、「指輪」なら「はめる」である。英語を始めてわかったのだが、これをもし英語にするならば、すべて「wear」一語でまかなわれてしまうのだ。こればかりは、日本語の一語だけでは言いきれない。結構、簡略に思われがちの日本語だが、このことについては、外国語より面倒臭いということができる。

――英語より語の多彩なもの――

⑩　日本語の 細かさ 発見（十年間の海外生活の後、四月に帰国した生徒）

家で話していたこと。「ちょっと寒いから、おふとんをかぶしてちょうだい。」「かぶすじゃないでしょ？　おふとんはかけるでしょ。」でも英語だったら、どっちでも「cover」と言います。

――英語より語の多彩なもの――

⑪　日本語の 難しさ 発見

英語で現在完了をやっていて、日本語に訳すとすごくおかしくなってしまう。言葉はたくさんあるのに、それを表現するのは難しい。

――時制の表現の違い――

⑫　日本語の おかしさ 発見

人の家へ行くとき、手土産を持っていく。「つまらないものですが……。」言葉そのものをとると、たいへん変である。道で知り合いに会う。自分がひどくみっともない格好をしていると、こう言う。「いい格好をしておりますね。」そして、どこへ行くのかと尋ねられて、「ちょっとそこまで。」

――日本人と日本語――

⑬　日本語の 難しさ 発見

日本語の名詞には、「お」を頭につけるものとつけないものがある。つけるかつけないかは、日本人の感覚によって大部分はわかるが、外国人が日本語を勉強する場合、その区別をするのはとても難しいものである。「おネギ」といえても、なぜ「おゴボウ」といってはおかしいのか。その説明は、日本人感覚がない以上、教えることはできないと思う。

――日本人と日本語――

以上のような形で集まった事例は三三〇に及ぶが、これを内容別にみると、

語句・語彙に関するもの　……　一二〇
文字に関するもの　……　五二
文法に関するもの　……　三三
音声に関するもの（アクセント・イントネーションを含む）……　三〇
表記に関するもの　……　二四
敬語に関するもの　……　一九
方言に関するもの　……　一三

その他（日本人と日本語のかかわり、日本語のあいまいさ、など）……　三九

となった。この中から、日本語の特色にかかわるものを取り出すと、次のようになる。

1　漢字について　……　三〇
同訓異義語の使い分けの難しさ、送り仮名の難しさ、国字のおもしろさ、あて字を使った洒落（「三連笑」「王ハシャギ」など）のおもしろさ、など

2　文法について　……　二二
文法の難しさ、「へ」と「に」の区別のあいまいさ、語の省略や語順の入れかえのできる便利さ、文末決定性の不便さ、文法にあわない文（「明日なにかあった？」）、など

3　平仮名、片仮名、漢字の三種類の文字の使用について　……二〇
いろいろな文字を使える便利さ、使い分けの難しさ、どれを使うかで受ける感じが違う不思議さ、など

4　敬語の使用について　……　一九
使い方の難しさ、など

5　外来語について　……　一四
英語を日本語にしてしまうおもしろさ、日本語の中に入れても文が成り立つ便利さ、本来の意味と違う使い方をしているおもしろさ、など

6　方言について　……　一三
同じ言葉でもいろいろな言い方のあるおもしろさ、方言の発生のしかたのおもしろさ、など

7　一人称・二人称の呼び方の多さについて　……　一二
いろいろな言い方のできるおもしろさ・繊細さ・複雑さ、You にあたる語を日本語では使わないおもしろ

さ、など

8　句読点の有無・位置による意味の違いについて　……一一

句読点の打ち方により二通りの意味にとれるおもしろさ、など

9　外国語に比べて、語の多彩な場合と逆の場合について　……九

「見る―― watch look see」や「wear ――着る　はく　かける　かぶる　はめる」に見られるおもしろさ、「風」「雨」に関する語の多さ、など

10　同音異義語について　……九

同音異義語の存在によるおもしろさ、洒落、など

11　男女の言葉の区別について　……八

男女の言葉に違いのあるおもしろさ、書かれた会話文を見て男か女かわかる便利さ、など

12　ことわざ・慣用句について　……八

ことわざや慣用句の便利さ・おもしろさ、足や手など体の部分を使った表現のおもしろさ、など

13　理屈にあわない表現について　……八

ごはんをたく、お湯をわかす、穴をほる、人一倍、など

14　相手を気づかう表現について　……六

粗品、つまらないものですが、なにもありませんが、ちょっとわからないのですが、など

15　アクセントによる意味の違いについて　……五

アクセントによって意味のかわる難しさ・おもしろさ、地方によってアクセントの異なるおもしろさ、など

16　あいまいな言葉について　……五

どうも、考えておきます、など

17　擬声語・擬態語について　……　三

擬声語・擬態語のおもしろさ、表現のゆたかさ、など

18　文字の並べ方について　……　三

縦書きと横書き（右書き、左書き）のできるおもしろさ、右書きの古めかしさ、など

19　文体について　……　三

いろいろな文体があるおもしろさ、「です」「ます」をつける美しさ、など

20　発音とかなづかいについて　……　二

かなづかいの難しさ（「いう」、「こんにちは」か「こんにちわ」か）

21　リズムについて　……　二

五音七音で調子がよいという不思議さ、音数を考えて作るものが多いというおもしろさ、

22　物の数え方について　……　一

物によって単位のつけ方がちがうおもしろさ、

これらの中から、日本語を考えていく上で取り上げるものを一六項目にしぼり、次頁に示すようなプリントにした。この中には、日本語だけの特質とはいえないものも入っているが（4～8）、日本語を見直すうえで大切な事項なので取り上げた。また、先の13・14・16は、日本語の基本的な特色をおさえた後に扱いたいと思い、「不思議な表現のいろいろ」として最後にまとめた。

プリント①

＝日本語発見＝

1　漢字の使用について
・温と暖　・十　・送り仮名　・躾　・三連笑　夢中人
2　平仮名・片仮名・漢字の三種類の文字の使用について
3　文法について
・「へ」と「に」　・語順　・省略　・活用　・動詞が文の最後
・肯定・否定・疑問が文末でわかる　・明日なにかあった？　・「お」と「ご」
4　外来語について
5　敬語の使用について
6　アクセントによる意味の違いについて
7　句読点の有無・位置による意味の違いについて
8　方言について
9　外国語に比べて、語の多彩な場合とそうでないものについて
・みる　・雨
10　男女の言葉の区別について
11　I・You に相当する日本語の多彩さについて
・You に相当する言葉をあまり使わない
12　擬声語・擬態語の多彩さについて

13 文字の並べ方について
・縦書き　・横書き（右から　左から）
14 文体について
15 物の数え方について
16 リズムについて
・音数を数えて作られるものがある
17 不思議な表現のいろいろ

(4) **展開③**

教科書教材「日本語の特色」を四時間で扱った。生徒の日本語発見の事例の中から、本文に書かれた三つの面の特色に関連するものを利用しながら進めた。次のとおりである。

1 発音組織の面からみた特色 ―― 音節の数が少ない

・教材本文に音節数が「百いくつ」と書かれているものを、実際に数えて確かめさせる。

・「日本語のいやなところ発見」として、「漢字を覚えなくてはならない。外国だとスペリングをおぼえるだけでいい。」と書かれた意見をもとに、音節数が少ないことからくる日本語の特色に気づかせる。

・「日本語のおもしろさ発見」の中から、語呂合わせや洒落に関する事例を紹介する。

2 表記の面からみた特色 ―― 漢字と仮名の併用

・「日本語の難しさ発見」として「詩などで『おと』と『音』とでは、『音』のほうがするどい感じがする。こういうのを見分けるのは大変だ。」と書かれた意見をもとに、一年次に学習した短歌「近き音遠きおと空をわたりくるこの丘にしてわがいこふ時」を思い出させ、漢字と仮名の使い分けの意義について考えさせる。

・プリント①の1に示した事例をもとに、漢字についての関心を深めさせる。

3　文法の面からみた特色　――　助詞の存在　文末決定性

・プリント①の3に示した事例をもとに、文法の面の特色を発展させる。

(5)　**展開④**

プリント①をもとに、日本語の特色を見つけ出していこうという学習である。この単元の中心にあたる。プリント①に示された十七項目の中の1～3は、展開③で教科書教材を学習しながら確認してある。学習の手助けのために、生徒からのカードに示された事例をとりあげた次のようなプリント②を配布し、国語辞典を各自の手元に用意させた。

プリント②

・wear……着る　かぶる　はく　かける　はめる
・風光る　薫風
・雨……梅雨　五月雨　時雨　春雨　みぞれ　あられ　ぼた雪　粉雪
・駅で降りると雨がしとしと降っていたので自転車で家へ帰る途中、突然ざあざあと降ってきて、家へ帰ったときはびしょびしょだった。
・カキーン　ドスン
・「あした行く?」「うん、行く。」　「もう行った?」「うん、行っちゃったよ。」

「あっ、鳥が。」「こっちでも鳴いているよ。」
・Do you come home?　I am a boy.　「ぼく、早くしなさい。」
・現在完了の日本語訳
・「なんできたの？」「だって待ち合わせした……。」「ちがうの。バス？　それとも歩き？」
・「明日、朝練来る？」「行く、じゃない？」
・「明日、学校ないよ。」
・食べないとやせない。　あなたの子供は解るまで帰れない。
・穴を掘る　お湯をわかす　ごはんをたく
・いちばん大切なこの二つ
・人一倍　苦労した
・「～いらない？」「かまいませんよね？」　「はい。」「いいえ。」
・考えておきます。　前向きにやってみます。
・粗品、つまらないものですが、何もありませんが、いい格好をしております、ちょっとわからないんですけど、
・どうも

ここでは、三年四組の授業記録を載せる。

〈第一時〉

T　プリント①と②を見て、日本語の特色といえるものはどれか考えましょう。英語と比べてみるのもいいですね。

（机間巡視）

S　（隣同士で話し合う。）

T　日本語の特色だと思われるのはどれですか。

S　プリント②の三番目の、雨の呼び方がいろいろ書いてあるのが、そうだと思います。
S　（手元の国語辞典で、「雨」に関する語を探し、書き抜く。）
S　（書いたものを次々に発表する。「雨男」「雨女」なども出される。）
T　「五月雨」と「梅雨」はどう違うのですか。
S　（いろいろ意見が交わされた後）「五月雨」は降っている雨のことで、「梅雨」は期間をさすのだと思います。
T　どうして、「雨」に関する語がたくさんあるのでしょう。「雨男」「雨女」は英語にあるでしょうか。
S　雨が多いからです。
S　でも、雨が多い国はほかにもあるよ。
T　では、「風」に関するものを見ていきましょう。
S　（プリント②の「風光る」「薫風」の意味を国語辞典で調べ、その他の「風」に関する名前を探す。）
T　どうして「風」や「雨」に関する言葉が多いか、わかりましたか？
S　俳句でも季語があったように、日本人が自然に親しみを感じているからだと思います。
T　（生徒の日本語発見のカードからP.174にあげた③を読む。）　日本人と自然との結びつきということですね。

確認　日本語は外国語に比べ、自然に関する語が多い。

T　では、今度は「みる」という言葉を考えてみましょう。どんな漢字がありますか。
S　（「見」「覧」「観」「看」「視」などをあげる。）
T　漢字にはいろいろあるのに、日本語には「みる」ひとつしかありません。ただし、上にいろいろな言葉をつけて見方を表すことはできますね。
S　（「じろじろ」などの擬態語を考える。）
T　「あし」についてはどうですか。

S　（「脚」と「足」、また leg と foot と「あし」を比べる。）

確認　日本語は外国語に比べ、身体や、それを動かす行動を表す語は少ない。

T　教科書の中に、民族と言葉との関わりについて書いてあるところがあります。
S　（教科書の「民族と文化」（本多勝一）の一部を読む。）
T　次に何番をとりあげますか。
S　プリント①の７「句読点の有無・位置による意味の違いについて」です。
T　日本語だけの特色でしょうか。
S　（英語の文例を考えるが、すぐには見つからないため、次時までの課題とする。）
T　次は、どれが日本語の特色といえるでしょうか。
S　11の「I・You に相当する日本語の多彩さ」です。
S　（プリント②の“Do you come my home?”の“you”“my”のいろいろな訳し方を考える。）
T　“You”にあたる日本語をあげてみましょう。
S　（「あなた」「おまえ」「君」「貴様」「あんた」等、多数あがる。）
T　隣の席の人のことを何と呼びますか。
S　（やや考えてから）「ねえ」とか「ちょっと」……
T　手紙を書く時は、相手のことを何と書きますか。
S　（「名前」「あだ名」などがあがる。）
S　「あなた」とか入れなくてもいい。入れるとよそよそしい感じがする。
T　“You”にあたる言葉を普断はあまり使っていないわけですね。では、“I”についてはどんな日本語がありますか。
S　（「わたし」「私」「僕」「俺」「我が輩」等、多数あがる。）

T　「我が輩は猫である」は英語に直したらどうなりますか。
S　（日本語の多彩な一人称の持つ意味を考える。）

確認　日本語は一人称、二人称の表し方がいろいろある。しかし、二人称はあまり使われない。

T　次はどれを考えましょうか。
S　12「擬声語・擬態語」についてがいいです。
T　これは他の言語にはないのでしょうか。（P.174のカード①を読む。）英語では「しとしと」と「ざあざあ」をどう区別するのでしょう。
S　（帰国生）「少し降る」と「たくさん降る」と区別します。
T　「しとしと降る」と「少し降る」とは同じですか。
S　「しとしと」は降ってる様子で、「少し」は量を表している。
S　「ざあざあ」は音も表しています。
S　（和英辞典を引いた生徒が）「しとしと」は **"softly"** と出ています。
T　日本語の「しとしと」「ざあざあ」は、様子も音も表していますね。では、気持ちに関する言葉で、このような言い方をするものはないですか。
S　（「どきどき」「くよくよ」「いらいら」など次々にあげる。）
S　（和英辞典を引いた生徒が）「どきどき」は **"with one's heart beating with excitement, much excited"** と出ています。
S　「興奮する」っていうことだ。
S　不安や緊張で「どきどき」っていうのもあるよ。
T　日本語は、このような言葉を使って、心の動きを詳しく表せるのですね。

T　次はどれでしょう。

S　10の「男女の言葉の区別」だと思います。

T　これは英語にはありますか。

S　ないような気がする。

S　フランス語とかに男性形とか女性形とかあるって聞いたけど。

T　（仏語・独語の名詞の説明をする。）男女の言葉の区別があるのは、日本語の特色といえますね。

確認　日本語は、擬声語・擬態語が多彩である。また、心の動きを詳しく表す表現も多い。

確認　日本語は、男女の言葉の区別がある。

T　次はどれを見ましょう。

S　5の「敬語」です。

T　英語には敬語はありませんか。

S　“Please ～”，“Will you ～”とかがあります。

T　丁寧な言い方は外国語にもあります。しかし、「おっしゃる」などのように、敬語の特別な単語があったり、話題の人と話の相手との両方を考えて敬語を使い分けたりするのは、日本語独特のものです。

確認　敬語は、日本語以外の言語にもあるが、日本語の場合、特別な用法がある。

T　次はどれですか。

S　4の「外来語」です。

T　外来語は英語にありますか。

S　(帰国生) ありますが、日本語ほど多くないようです。

確認　外来語は、日本語以外の言語にも見られるが、日本語はそれが多いといえる。

T　きょうの授業では、プリント①の9、10、11、12が日本語の特色として確認されました。

〈第二時〉

T　(前時に確認された日本語の特色を復習する。) その他にプリント①の中で日本語の特色といえるのはどれですか。

S　6の「アクセントによる意味の違い」です。

T　日本語はどのようなアクセントですか。

S　(答えなし)

T　英語のアクセントと、どう違いますか。

S　(日本語は高低アクセントであることを知り、国語辞典の付録のアクセント一覧を見て、いろいろな語を発音してみる。)

T　ドイツ語・フランス語などヨーロッパの言語は強さのアクセントですが、東アジアやアフリカの言語は高さのアクセントです。だから、高さのアクセントであるということは、日本語の特色ではありません。でも、日本語では、アクセントの違いによる意味の違いがあります。これは英語にはありますか。

S　(英和辞典で調べる生徒もいたが、既習の知識ではわからないようであった。)

T　どうして、アクセントの位置で意味の違うものが多いのでしょうか。

S　音節の数が少ないので、同意語が多いからです。

T　他に何番がありますか。

S　7の「句読点の有無による意味の違い」です。

T　この前の時間に出ましたね。例文は見つかりましたか。

S　見つかりませんでした。

T　他のクラスで、こういうのが出ましたよ。“I met a man who took me there.” と “I met a man, who took me there.” です。（意味を確認する。）

T　ここで、英語と日本語について、もう一つ考えてみたいのですが、「私は本を買いました。」は英語に直すとどうなりますか。

S　I bought a book.

T　日本語と比べて気がつくことはないですか。

S　（いろいろな意見が出されたあと）「本」は books でもいい。

T　例えば、「泥棒が入った。」と日本語では書けますが、英語だとどこで困るかな。

S　一人だったか、複数だったかです。

T　その点、日本語は便利ですね。

確認　日本語は単数・複数の区別があいまいである。

T　次は何番を考えますか。
S　8の「方言」です。
S　英語にもあるんでしょ。
S　(ドイツからの帰国生) ドイツ語では単語が違ってきてしまいます。

確認　方言があることは日本語の特色とはいえない。

T　全国で標準語が普及していることのほうが注目すべきことかもしれませんね。次は何番にしますか。
S　15の「物の数え方」。
T　どんな単位がありますか。
S　(物による単位のいろいろをあげる。)
T　英語にはありませんか。
S　"a cup of" とか "a piece of" とかあります。
S　日本語は数えられるものにも単位がありますが、英語は数えられないものについてだけ、そういう言い方をします。

確認　日本語は物による数え方のちがいがある。

(このあと、プリント①の13、14、16をもとに、次の三点を確認する。)

確認　日本語では文字を縦にも横にも書くことができ、その横書きも、右書きと左書きの両方ができる。

確認　文体の区別があるのは日本語の大きな特色である。

確認　日本には、音数を数えてつくられる文章がある。

T　（プリント②の事例のうち、これまで扱っていないものについて説明を加えていく。）
　では、「お湯をわかす」は英語でなんといいますか。
S　（答えなし）
T　「お湯」は。
S　“hot water”です。
T　「湯」にあたる一つの単語はなく、組み合わせて言うのですね。では、「お湯をわかす」は。
S　（帰国生）　“boil water”です。
T　「水をわかす」です。理屈はそうですね。「ごはんをたく」も同じですね。
S　「お湯にわかす」だね。
T　次に「人一倍」の「一倍」は、「×1」だから同じではないかという意見です。
S　（国語辞典をひく）「二倍」の意味だって。
　（このあと、「つまらないものですが。」「いい格好をしております。」について、P.177の⑫のカードを紹介し、日本語と日本人について考えさせながら、⑬のカードを読んだ後、「私の日本語発見」の作文課題を提示する。）

四クラスとも、ほぼ同じような授業展開であった。全員に国語辞典を用意させたが、何人かが持参していた和英辞典も学習の助けになった。また、これまでの英語の学習も、日本語の特質を考える上で役に立った。帰国生の活躍も多い。これまでに習得した国語の知識の復習や、身近なところからの具体例の利用ということで、二時間とも活発に意見が出された。

(6)　作文「私の日本語発見」

学習のまとめとして、日本語の特色の一つをとりあげ「私の日本語発見」と題する作文を書かせた。具体例を入れて特色の解説をすること、日本語（と日本人）についての考えを書くことの二点を指示し、二週間後に提出させた。具体例を探す期間を考えたためである。

作文の中で生徒が取り上げた特色は、次のとおりである。数字はその題材で作文を書いた人数を表している。

・男女の言葉の区別……26名
・人称代名詞の多彩さ……18名
・敬語……14名
・擬声語・擬態語……10名
・自然に関する日本語……7名
・外国語と日本語の単語の比較……6名
・漢字……6名
・漢字・平仮名・片仮名の併用……6名

・物の数え方……5名
・外来語……3名
・文字の並べ方……2名
・語の省略……2名
・接頭語の「お」……2名
・イントネーション……2名
（次はすべて1名のもの）
・書き言葉と話し言葉　・口語と文語の存在

・目的語を決定する言葉　・あいさつ　・英語との疑問文の比較　・「？」と「！」の多用　・指示語
・助詞　・文法　・文体　・発音　・リズム　・アクセント　・一字一音　・敬称　・熟語
・冠詞　・ことわざ　・表現のしかた　・日本語の奥深さ　・日本語のあいまいさ　・日本語の不合理性
・「つまらぬもの」に表れた日本人

「男女の言葉の区別」「人称代名詞の多彩さ」「敬語」「擬声語・擬態語」を題材にした生徒が多かったのは、日本語の特質としての取り組みやすさと、具体例のあげやすさによるところが大きいと思われる。題材を全体的に見ると、予想していた以上に広い範囲にわたり、また、授業で扱えなかった特色への取り組みも見られる。「敬称」や「目的語を決定する言葉」（「着る」といえば「服」、「かける」といえば「眼鏡」など）などがそれにあたる。

また、日本語についての考えとしては、日本語のよさ、あるいは正しい姿を守っていかなければならないといったものが目立った。日本語の歴史について考えさせられる生徒も多かったようである。

その中から三篇を紹介する。

「日本語新発見――I・Youに相当する語」（女子生徒）

先生方は話をするとき、私達のことを何と呼んでいるだろうか――ふとそんなことを考えて、一人一人の先生について思い出してみたら、実に多種多様であることがわかった。

「おまえはなあ、……。」
「あなたはねえ、……。」
「君さあ、………。」

「ほらほら、そこ……。」

中には呼び方によって喜怒哀楽を表す先生もいる。

このように日本語のＩ・Youに相当する語は実に多い。『類語辞典』（三省堂）に載っているだけでも、「I」に相当する語は、

わたし、私、私共、自分、此方、当方、小生、野生、愚生、不肖、本官、本職、当職、小官、あたし、あたい、あっし、わっし、わし、こちとら、俺、俺等、手前、僕、我、我が輩、予、余、余輩、乃公、拙者、身共、某、この方、の計三十四語、「You」に相当する語は、

あなた、あなた様、そちら、そちら側、そちら様、そなた、御身、貴下、貴殿、貴所、貴兄、貴姉、あんた、君、お前、その方、そち、汝、貴君、貴様、貴公、の計二十一語もある。これに辞書には載っていない日常のものまで含めたら、Ｉ・You合わせて約六十語ぐらいあるだろう。ここまでＩ・Youに相当する語の多い言葉は、世界でも珍しいと思われる。Ｉ・Youに相当する語の多彩さは日本語の特色の一つである。

では、この特色にはどんな利点があるのだろうか。例としてスチーブンソンの『宝島』からいくつかの文を抜き出してみた。

「ぼくは、一歩近づいた。」
「おまえとぴたっと似ていてな、おれのじまんの種だよ。」
「きみは、わたしにいったのですかね？」
「さすがはきさまだ。」
「わしは、船のボーイくらいにしか扱われんだろう。」

英語のＩ・Youを人、場所、感情によってこのように好きなように訳せるのは、まさにこの語に相当する日本語の多彩さのおかげである。そして、これは前に書いた先生のように、日常の言語生活の中で言い分けることもできる。しかしこれらの利点は、逆に欠点として解釈することもできる。「我が輩は猫である」が、“I am a cat.”となってしまうよう

に、日本語を外国語に直すときに、その語独特のニュアンスが消えてしまうことがよくある。また、上司や先輩と話すときなどは、I・You に相当する語のどれを使うかにいちいち気を配らなければならない。しかし、「てめえは……。」といわれていい気がしないのは上司だけだろうか。I・You に相当する語の多彩さやその使いわけのしかたは、どうやってうまれてきたのだろうか。

原因の一つとして、私は日本の身分制度をあげる。テレビの時代劇を見る。殿様クラスの人の使う語は「わし」「そち」「そなた」など。商人クラスの人の使う語は「てまえ」「あなた様」など。戦争の話を読む。上官「おまえはだれだ。」兵士「自分は○×であります。」I・You に相当する語の多彩さやその使いわけのしかたは、これらのさまざまな身分制度の歴史がうんだものなのである。そしてこの「歴史との結びつき」は他の日本語の特色についてもいえると思われる。

もう一つの原因としては、日本人の器用さがあげられると思う。I・You 合わせて約六十語の語を考え出し、使いこなしているのである。日本人が器用でなければこうも簡単にはできないだろう。

日本語はこのI・You に相当する語が多彩であるというようなおもしろい特色がある。そしてそれらには歴史との結びつきや日本人の民族性との関係がある。歴史と民族性からうまれた日本語の特色――これは大切にしていかなければならないと思う。

「私の『日本語発見』」（女子生徒）

英語を勉強していると、時々それを日本語に訳すという場合があります。その時、特に気をつけなくてはならないことに、「なめらかな日本語にする。」というのがあります。日常使われている日本語になるべく近づけるのです。でも、例えば wear という単語は、日本語に訳す段階で、少し鉛筆を止めて考える必要があります。なぜなら wear という語は、一概に「～を着る」というように訳すことができないのです。これは日本語に原因があります。日本語になって「帽子を着る」とか、「眼鏡を着る」といった表現は、どう考えても不自然です。

また、haveという単語も、英和辞典で引いてみると、数多くの意味が載っています。でも、またこれも、最も適切な日本語をあてなくてはおかしな表現になってしまいます。

同じようなことは、数を数えるときにもあります。英語は、数えられる名詞においては、普通、名詞の前にa,(one), two, three, ……を置き、(ちなみにこれらは、英文法では、形容詞のように扱われています)一つの時にはそのままの形の名詞、二つ以上では、語尾にs, esをつけます——例外もありますが。ところが日本語では、鉛筆、棒などでは一本、二本……、本などは一冊、二冊……、また、ちょっと変わった例として、うさぎの一わ、二わ……。(テレビなどで、平気で一匹、二匹などと言っているためか、間違っている子供が増えているそうですね。)英語にもこういう表現がないわけではありませんが、日本語ほど多様ではありません。私はどちらかというと、普段使っている日本語の表現の方に奥深さを感じます。

近頃、諸外国の人々が、競って日本語を学び、口をそろえて日本語の美しさを賞賛し、また、反面、日本語の難しさというものに苦労していると聞きます。日本語は、一見易しそうに見えても、かなり難しい言語です。しかし現在は簡素になり、乱れてきたようです。けれども、難しさがあるからこそ、なお一層、日本語は美しさを増すのではないでしょうか。

ですから、私は、日本語の持つ響きというものをいつまでも温存しておきたいと思います。そして、本来の日本語の美しさを生かした言語生活にしたいです。英単語一つで書き表される言葉も、日本語に置きかえると、意味が何十倍にも膨らんできます。それにともなって、奥深くなっていると感じられもします。

中学校に入って、新しく英語というまた違った言語を学べるようになり、学習を進めていくうちに、英語と日本語を相対的に比較するようになりました。そして、英語にない、日本語独特の趣を感じられるようになりました。

「私の日本語発見」(男子生徒)

「弟が親父から、国語の試験で満点を取ったら、プラモデルを買ってやると言われた。弟は国語がすごく得意だから、そんなのは、おちゃのこさいさいだ、と言って試験を受けたら、めちゃくちゃ難しくて、でたらめに答えを書いたら、ひどい点数をとった。弟は親父に怒られたうえに、プラモデルがオジャンになって泣いていた。くわばら、くわばら……。」

さて、この文。日本人なら、大抵の人が分かると思う。(一寸、不自然なところがあるけど……。)でも、言葉の一語一語を、僕達はどれくらい理解しているだろう。例えば前文の「おちゃのこさいさい」。これは、とても簡単だとか、やさしい仕事とかいう意味だが、語源としては、群馬方面の方言で「朝飯前」が「ちゃのこさいさい」と言い、それに「お」がついて、「朝飯前にも出きる仕事」という意味だ。それに「むちゃくちゃ」。これは、けっこう、よく出てくる言葉だが、語源は、客に茶を出さないのが「無茶」。出しても苦いのが「苦茶」。つまり、「非常識」。「でたらめ」は、「出たら目」。サイコロで、丁が出ようが半が出ようが、おかまいなしという意味。「オジャン」は、江戸時代に火事が鎮火すると「ジャン……ジャン」と半鐘を鳴らし、そこから失敗する、終わってしまうなどを「オジャンになる」と言うようになった。最後の「くわばら…」は、京都の桑原には、なぜか落雷がしないということから、自分に災いがおこらないようにという念仏のような言葉の意味――。

もちろん、これは調べたのであって、僕が最初から知っていたものなんて一つもない。それでも、僕達は、今まで「なんとなく」使っていたのだし、これからも、難しい言葉を、さも自分が作った言葉のような顔をして使っていくだろう。でも、こういう日本語には、故郷があり、生みの親がいる。こういう言葉達にこそ、外国にはない、日本語の「味」が秘められているような気がする。日本語の特色ということで、助詞がどうのこうの、発音組織がどうのこうのという前に、こういう、古い「味」のある言葉を持つという日本語の特色に気づくべきだと思う。

今、日本人が英語を追いかけ、新しい流行語を考え、こういう素朴な、古い言葉を捨ててゆくことで、せっかくの日本語の味を、オジャンにしていないかと思う。生活が生んでいってくれて、日本でしか理解できない、こういう言葉を、もっと大切にするべきではないかと思う。

4　考察と今後の課題

国語（日本語）の特色を理解させることを目標とした単元であったが、生徒はたいへん興味をもって学習に取り組んだ。これまでに習得した国語に関する知識を思い起こし、また、漠然ととらえていた英語との違いを、国語を考えていきながら確認するなど、学習は広い範囲に及んだ。国語そのものを考えることに、「表現」や「理解」とはまた違う面白さを感じたようである。

授業の展開としては、教科書教材を扱った後に発展的に学習するのではなく、国語の特色と思われるものをまず「発見」させ、その考察の方法の一つに教科書を用いた。そのため、国語の特色を広い範囲から考えることができた。しかし、これまでの国語の知識を総合的に扱おうとしたため、多くの事項を取り上げることになり、一つ一つを掘り下げることは充分にできなかった。また、既習の知識や、生徒の持つ英語力だけでは解決できないものもあり、教師の側からの説明が必要な部分も多かった。中学三年生に、どの程度の国語の知識を与えたらよいかということについて、考えていくことが必要であろう。

一人の生徒は、人称代名詞についてまとめた作文の結びに、次のように記している。

「今まで人称代名詞なんて考えもしないで使っていたから、人称代名詞が人間関係を表しているなんて考えもしなかった。人称代名詞は隠れた日本語だから、これからも意外なところに日本語の特徴みたいなものが見つかるかもしれない。いつか、そんなことをさがすのも面白かもしれない。」

また、二学期の中頃、ある生徒が、「昨日の新聞の天声人語に『イキイキ』ってあったけど、はじめの『イキ』が漢字で、あとのは平仮名で書いてあった。見つけたって思った。」と報告に来た。漢字と仮名の使い分けが記憶にあったのだろう。学習が授業の中で終わってしまわず、生徒の中に生きているという感を持った。

国語科において、「表現」や「理解」の学習をすることも、もちろん大切だが、国語（日本語）そのものについて学習させ、国語の特質を学ばせる機会がもっと設けられてもよいのではないだろうか。「表現」や「理解」に役立てるためだけでなく、母国語を大切にし、よりよいものにしていこうとする態度を育てるためにも、必要なことであると思う。しかし、国語の知識といっても範囲は広く、また内容の深いものであるため、どの程度まで扱うかをよく検討しなければならない。また、「教える」のではなく「学びとらせる」ための指導の工夫も必要であろう。

国語科として、「言語事項」を大切に扱うことは、国語に関心を持ち、国語を尊重していこうとする意識を育てることにつながる。これからも、学年に応じた「言語事項」の扱い方について研究を続けていきたいと思う。

Ⅲ　言葉を交わす楽しさを味わう

インタビュー（中学二年生）

1 「伝え合う力」を高めるための「聞くこと」の学習

新学習指導要領（平成一〇年版）が提示され、従来の二領域一事項から三領域一事項になった。このことについて『中学校学習指導要領（平成一〇年一二月）解説―国語編―』（平成一一年九月 文部省）に、「改訂の要点」として次のように述べられている。

> 国語の力を調和的に育てるために、それぞれの領域の特性を生かしながら生徒主体の言語活動を活発にし、言語の教育としての国語科の目標を確実かつ豊かに実現するためである。また、それは、互いの立場や考えを尊重して言葉で伝え合う能力を育成することに重点を置いて内容の改善を図ることであり、「話すこと」「聞くこと」が一領域としてまとめられた意図もそこにある。（3改訂の要点(2)内容の改善について①領域構成）

現行学習指導要領（平成元年版）でも、それ以前の学習指導要領からの改善点として、「聞くこと」に関する能力を高めることが示されていた。(注) 新学習指導要領では、その「聞くこと」の指導を、「伝え合う能力の育成」との関連においてさらに重視しているといえよう。

では、実際の活動として、「聞くこと」の指導はどのように行われているであろうか。おそらく、「話すこと」に付随した学習であることが多いのではないだろうか。つまり、スピーチを聞いて感想を書く、話し合いで相手の意見をよく聞いて発言するなど、二次的な学習として「聞くこと」が位置づけられていることが多いと思われる。

しかし、新学習指導要領に示された「伝え合う能力」としての「聞く力」は、このような二次的な学習では十分に育たないと考える。つまり、「聞くこと」を中心に据え、話し手に主体的に関わっていく学習のあり方を考えることが必要になってくるのである。

では、そのような学習活動としては、何が考えられるであろうか。その一つとして、インタビューがある。このインタビューを、どのようにして、効果的な学習活動として成り立たせていくかを、試行をもとに探ってみたい。

2　教科書における「インタビュー」の扱い

現行教科書（平成九年度版）において、インタビューはどのように扱われているであろうか。

教科書五社のうち、具体的な学習活動としてインタビューを扱っているのは、東京書籍と教育出版、三省堂の三社である。それぞれの内容を簡単に紹介していく。

〈東京書籍〉

第三学年の表現1「調べて報告する」に「二　インタビューで聞き書きをし、それをまとめる。」という学習がある。これは新しく着任された先生のインタビューを学級新聞に載せるという内容であるが、その中に、インタビューの手順が、次のように示されている。

1 学級担任の土屋先生に、次に発行する新聞の企画やインタビューの質問項目について見ていただいた。
2 ある放課後、横田先生のご都合のよいときに三十分ほど時間をいただき、インタビューした。お話をうかがいながら要点をメモし、更にお尋ねしたいことが出てきた場合は、臨機応変にそれを付け加えた。
（3はそのまとめのため、ここでは省略）

インタビューに際しては失礼のないよう、あいさつや言葉遣いに注意しよう。また、地域のかたの場合などには、事前の連絡や礼状を出すことにも気を配りたい。


先生にどのような質問をしたかということと、その場で「臨機応変に」付け加わった質問が示されている。

〈教育出版〉

第三学年の「聞く・話す」に、「組み立てを工夫して――スピーチ」と題して、スピーチのための取材としてインタビューが扱われている。ここには、インタビューをするときに大切なこととして、次のように書かれている。


インタビューをするときに大切なことは、まずなんのために何をききたいのか、インタビューの目的やテーマをはっきりともつことです。そして質問や話題を選び、相手にわかりやすいように尋ねなければなりません。また、事前に相手のことをよく知り、質問や話題の中にうまく生かすようにすると、リラックスした雰囲気の中で気持ちよく話してもらえるようになります。


〈三省堂〉

日本語を学ぶ留学生へのインタビューが想定され、そのインタビューメモ（テーマと五つの質問）が書かれている。

第二学年に表現単元「作文　体験を受け継ぐ　聞いて書く」がある。これは「聞き書き」であるが、その中で、身近な人の体験などを聞く部分の手順が次のように示されている。

1　だれから話を聞くか決める。
2　どのようなことを聞くかを検討する。
3　実際に話を聞く。
（4以下はまとめ方のため、ここでは省略）

右の2、3のそれぞれには、次のような説明がある。

2　どのようなことを聞くかを検討する。
①　その人から何を聞くかについて、事前によく整理しておく。
②　聞いてみたい項目の内容をよく検討する。
3　実際に話を聞く。
①　テープレコーダーやメモの用意をする。テープに録音する時には、事前に相手の了解を得る。
②　相手が話しやすいように心を配りながら、じっくりと聞く。熱のこもったところや感動的なところは特に注意して聞いて、聞き書きの中心にする。
③　一方的に聞くだけでなく、相手の話を引き出すように心がける。相手との人間関係をたいせつにするために、ことば遣いや態度には十分に注意する。
④　だれが、いつ、どこで、何を、どうした、によく注意して、メモを取る。

以上のように、東京書籍と三省堂は、インタビューの準備の手順を示し、教育出版は、インタビューの心構えを示している。いずれも具体的なものとしては質問項目だけがあげられている。そのため、生徒に、インタビューは相手に質問をするものであるというイメージを与えてしまうかもしれない。

インタビューをするにあたり、事前に質問を吟味したり整理したりすることはもちろん大切である。しかし、準備した質問をするだけでは、聞き手に「主体的に」関わることは少ない。つまり「受け身」としての聞き手で終わってしまうことになる。先の教科書の記述で言えば、「もっとお尋ねしたいことが出てきたときは、臨機応変に付け加える。」(東京書籍)や「一方的に聞くだけでなく、相手の話を引き出すように心がける。」(三省堂)ことが、聞き手として「主体的に」話し手に関わっていくことではないだろうか。それがあってこそ、インタビューが、「聞く力」をつける学習として効果を上げると思われる。

3　生徒の実態

それでは、生徒はインタビューをどのように理解、あるいはイメージしているだろうか。「対談」については、テレビの「徹子の部屋」などで知っている生徒は多い。ゲストにインタビューするようなテレビ番組はないかと生徒に聞いたところ、ある番組の中にそんな場面があったようだといった程度の答えで、要領を得ない。

そこで、インタビューの実践に入る前に、インタビューに大切なことは何かということを書かせてみた。生徒のインタビューに対する理解やイメージを知るためである。また、これと同様の問いを、インタビューの経験のあとも行い、その変化も見たいと考えた。

生徒の回答は、聞く態度と質問の内容に関するものがほぼ半数ずつ(80人対64人)であった。

聞く態度に関する回答としては、そのほとんどが、「礼儀正しく」といったものであり、「聞き出そうとする姿勢」と答えた生徒が一人いた。

質問の内容に関する回答では、大切なことととして、次のような内容をあげるものが多かった。

・質問の趣旨・内容をはっきりさせる。
・要点を絞って聞く。
・相手に対して失礼のない質問をする。
・質問を事前に考えておく。
・聴き方を工夫する。

これら以外に「相手が言ったことを続けていく。」「答えに対していろいろ追及していく。」「何か目的があってインタビューするのだから、それを言ってもらえるようにインタビューを考える。」「うまく聞きたいことを引き出すようにする。」という回答もあった。インタビューは、単に質問をするのでなく、それを深めていくということに気づいているといえる。これから試みようとしているインタビューを、すでに頭に描いているともいえる。

聞く態度や質問の内容以外では、「ことば遣いに気をつける。」「敬語を使う。」「相づちを打つ。」「話しやすい環境を作る。」「信頼を得る。」などの回答がある。また、「相手の意見を知る興味。」「理解し合うこと。」「相手から魂力ある言葉を引き出す。」といった回答もある。インタビューについて、具体的な場面を想像しているか、単に質問をするととらえているかの違いが、答えに反映しているといえる。

なお、もっとも基本であるところの「よく聞く」をあげた生徒は、四人にとどまった。

4　インタビューの実践

(1)　指導のねらい

指導の中心は、聞き手として話し手に「主体的」に関わることである。「主体的に」関わるとは、話し手の言葉を正確に受けとめた上で、さらに問いを「つなげ」て話を深めていけることである。

そこで、具体的には、次の二つのねらいを設定した。

1　話し手の答えを受けて、それに関連した質問をしながら話を進めることができる。

単に用意した質問をするのでは、主体的に関わったとは言えない。話し手の言葉に込められた気持ちや、思いを理解しながら、それを受けとめたことが話し手にも伝わるような次の問いを、その場で考えることができる。これは「聞く力」を磨くことにつながる。

2　言葉のやりとりによって、互いを理解することの楽しさを味わう。

インタビューは、聞き手の、「ここが聞きたい。」という思いで成り立つものである。「聞く」から「聴く」、そして「訊く」へ、という楽しさを味わわせたい。それは、相手の言葉を正確に受けとめることだけでなく、自分の言葉を吟味することにもつながる。どのような聞き方をすれば、話し手からよりよいものが引き出せるかということである。中学生にはやや高いねらいではあるが、その一端でも感じ取らせたい。これは、生きた言葉の学習につながるともいえる。

(2)　実践の準備

本校では、「総合的な学習の時間」の取り組みが今年度（平成一二年度）から始まった。担当の第二学年では、一学期を調べ学習の基本の習得にあてた。具体的には、電子メールの送り方とマナー、統計処理の意義と方法、依頼文やお礼状の書き方、インタビューの四項目を、一時間ずつ学習させていく。四クラスで四つの学習事項のローテーションを組んだわけである。そこで、国語の学習としてインタビューを担当することにした。ただし、クラスによって試行の時期が異なること（四月二七日、六月一日、六月八日、六月一五日）と、その一部が教育実習期間にあたったため、通常の国語の授業とは切り離し、一時間の独立した授業とした。

インタビューの対象は、友達同士の「インタビューごっこ」で終わらないようにするため、校内の先生にお願いすることにした。学年開きの学年集会で、学年の担任の一人であるA先生が、子供のころ牛の出産に立ち会い感動した体験と、蚕を飼っていたことに関する話をされた。そのあと学級の生徒からいろいろ質問が出たということだったので、A先生に、この体験談を中心にインタビューすることにした。テレビ番組を想定し、「この人に聞く」と題した。

(3)　インタビューの形式

各クラスに六つの班があるので、それを基本にし、各班で質問を考え、インタビュアーも班から代表を出すという形をとった。インタビュアーは、各班から二名ずつ出させた。一人は、事前に考えた質問をする役（「第一インタビュアー」と称する）、もう一人は、話し手の回答に関してその場で考えて質問をする役（「第二インタビュアー」と称する）である。この第二インタビュアーがどのように質問するかが、インタビューの学習の中心でもある。つまり、話し手に「主体的に関わる」ことの実践となるわけである。

四回の実践を重ねていく過程で、三クラス目から、第二インタビュアーへの回答に対して、さらにどちらかのインタビュアーが質問を続けてみようという投げかけをしてみた。これは、第一インタビュアーが、用意した質問だけで終わってしまうことへの対策であり、「主体的に関わる」ことを、両方のインタビュアーに経験させたいと考えたからである。しかし、これはなかなか難しかったようで、四クラス目でその場面をうまく作ることが出来た。これについては、(5) **学習活動の実際**で紹介する。

(4) 一時間の展開

先にも述べたように、一時間（正確には五〇分）という限られた時間での実践であるため、(1)で述べた実践のポイントだけに焦点を絞った展開を考えた。

① インタビューの目的を知る（あらかじめ知らせておく。）

道徳の時間のA先生の話をもっと詳しく聞くためにインタビューをすることを知らせた。

↓

② 各班で三つの質問を考える（時間の関係で、クラスによっては、事前に相談させておく。）

↓

③ インタビューに大切なことは何かを考える

この結果については、「3　**生徒の実態**」で述べた。

↓

④ プリントのインタビュー例を読み、どのような点に留意すべきかを考える

学校図書の平成一四年度から使用される教科書の第二学年に「話す・聞く2　対話がふくらむ　インタビュー」

という単元があり、次に掲げたような、インタビューでの質問の工夫を考えさせるための例が挙げられている。

K君がS君の趣味についてインタビューしました。
K　あなたの趣味は何ですか。
S　サッカー観戦です。
K　それはなぜですか。
S　個人プレーとチームプレーが複雑にからみ合っているところがいいんです。
K　……ええと、……他のスポーツは好きですか。
S　サッカーほどではありません。
K　それはなぜですか。
S　さっき言ったようなことが、他のスポーツでは少ないからです。
K　ありがとうございます。

この例をプリントにし、どのような質問の仕方がよいかについて考えさせた。この学習は、質問に対する答えから更に質問をつなげていくことの必要性を考えさせるための糸口ともなった。

⑤　各班で考えた質問を出し合う　←

班ごとに三つの質問を考えさせてあるため、六つの班で計一八の質問（案）が提出された。

⑥　質問を六つに絞る　←

クラス全体の話し合いにより、六つに絞らせた。六つとしたのは、各班に一つずつ質問を割り当てるためである。絞るための観点として、今回のインタビューの目的に合っていることはもちろんであるが、その質問に関する答えから更に質問を重ねることにより、内容が深められそうなものとした。

←　⑦　各班でどの質問をするか決める

←　⑧　質問の順序を考える

インタビュー全体の流れを考えさせた。

←　⑨　班ごとに第一インタビュアーと第二インタビュアーを決める

それぞれのインタビュアーの役割を説明し、とくに第二インタビュアーの重要性を理解させた。三クラス目からは、第二インタビュアーの質問に対する答えに、どちらかが更に質問をすることが出来たら望ましい旨を伝えた。

←　⑩　ゲストを迎えインタビューをする

教室の配置は下の図のようにした。

インタビュアーは、半円形にゲストを囲む。ただし、インタビュアー以外の生徒にゲストの表情がわかるように、正面はあけておく。聞くことに集中させるため、メモはとらせないことにしたので、机は置かない。

インタビュアー以外の生徒は、ゲストとのやりとりをメモする。

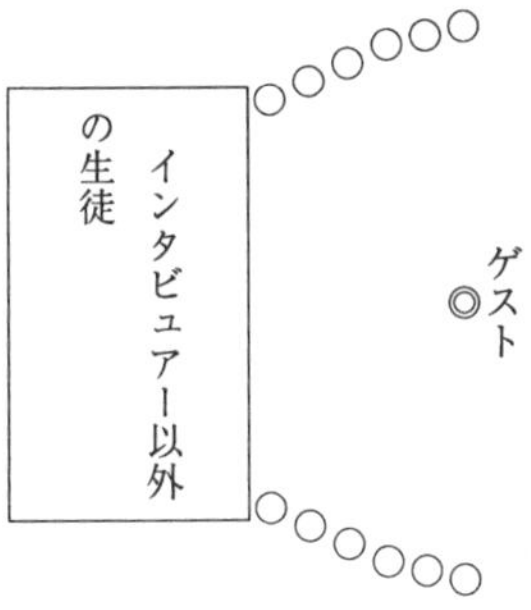

⑪　評価表を記入する　←　（授業後の課題とした。）

「今日のインタビューでよかったところ」「もっとこうした方がいいと思ったところ」「今日の経験から、インタビューで大切なことは」の三項目について記入する。

五〇分という限られた時間であるため、①②は事前に行い、授業の中では、インタビューの準備にあたる③から⑨までに約三〇分、インタビューに約二〇分をかけるという予定で進めた。⑪は、課題とした。なお、ゲストのA先生は、⑩の段階で教室に迎えた。従って、どのような質問がされるかなどの打ち合わせは行っていない。

(5)　**学習活動の実際**

前項(4)の学習活動の展開の中で、④のインタビュー例を読んでの話し合いと、⑩のインタビューの実際について、授業の様子を振り返ってみたい。

学習活動④　インタビュー例を読んでの話し合い　一組の場合

T	プリントにあるインタビューを見てみましょう。
S	（読む）
T	このインタビューについて、もっとこうしたほうがいいと思うところはありますか。
S_1	「えーと」がいけない。

S_2　すぐ終わってしまう。
T　例えば、どんなところ？
S_2　ほかのスポーツは好きですかって、野球とか言って終わり。
T　質問が次に続いていかないんですね。
S_2　相当おしゃべりな人でないと。
T　なるほど、おしゃべりな人でないと続いていかない。他には？
S_3　内容が堅すぎる。
T　どんなところが？
S_3　内容っていうか、話し口調が。
T　「趣味はなに」って聞けばよかったの？
S_3　そうじゃないけど、全体的に聞き方が。
S_2　すぐ終わってしまう。何を聞きたかったかわからない。すぐ、「ありがとうございました」って言って。
T　もっとこうしたらいい、K君はこうすればよかったということが、具体的にわかる人。
S_2　質問を考えてくれればよかった。
T　具体的には？
S_2　「個人プレーとチームプレーが複雑に絡み合っているところがいいんです。」を、もっと広がるように。
T　そこで次の質問に入るのでなく、その答えからどう続けていけばよかったかな。
S_4　「どんなふうに」と聞く。
T　そう、「どんなふうにですか。」と聞くのも一つだったかもしれない。他には？
S　（考える）
T　どうでしょう。三番目のK君の質問のように「他のスポーツは好きですか。」と話題を変えないで、前のS君の答

S5　えから発展するには、どう聞けばいいんでしょう。

T　「どんなプレイですか。」と聞く。

S3　そう、そんなふうに、まだサッカーについてたくさんつなげることができたはずなんだけど、次の質問に行ってしまったのですね。他に気がつくことないですか、ここがよくないんじゃないかなって。

T　「それはなぜですか。」が多い。

そうですね。そればかりだから、「さっき言ったようなことが他のスポーツでは少ないからです。」って言うしかないですね。

では、「この人に聞く」。今日のゲストはA先生で、インタビュアーはみなさんになるわけです。この間の道徳のお話に関連して、各班で質問を三つずつ考えてきましたね。

他の三クラスも、ほぼ同じようなやりとりで話し合いが進んだ。いずれも、相手の答えから、更に話を発展させて深めていくことが必要であることに気づき、また、同じような聞き方をするのでなく、何を聞きたいのかはっきりさせることの必要性についても考えさせるきっかけとなった。

学習活動⑩　インタビューの実際

最初に実施した一組と、最後に実施した四組について、はじめに用意した質問からどのように展開したかを見ていく。なお、インタビュー記録の備考欄には、授業後に書いた生徒の反省や批評も示してある。

［一組の場合］

話し合いの結果、質問と担当、順序は次のようになった。

1	牛の名前	1班
2	感動したことをもっと詳しく	5班
3	牛を見分けることはできたか	2班
4	牛の産声	4班
5	一番好きだった手伝い	3班
6	絹の輸入についての考え	6班

（発言者欄で、1班①とあるのは1班の第一インタビュアー、②は第二インタビュアーである）

発言者	インタビューでのやりとり	備考
	（A先生を教室に迎える）	
T	それでは、今日の「この人に聞く」、ゲストはA先生です。	
生徒全	（拍手）	
A	こんにちは。	
T	今日は、先日の道徳の時間にお話しをしていただいた、牛の話、蚕の話にテーマを絞ってインタビューをしたいと思います。では、インタビュアーのかた、どうぞ。	
生徒全	（拍手）	
1班①	その時飼っていた牛の名前は何ですか。	1班①は牛の名前を聞くはずだったが、その意図が伝わらなかった。
A	名前は、牛の種類のことですか。	
1班①	いや、どちらでも。	

A　名前はとくに人の名前のようにつけてませんでしたから、種類で答えますけれども、ホルスタインという種類です。

1班②　……その種類っていうのは、なぜその種類を飼っていたんですか。

これが予定したような答えでなかったため、1班②は当惑していた。「ここで、ホルスタインの特徴を聞いてもよかった。」という批評があった。

A　わかりません。（生徒　笑い）僕は、親が飼ってたのを見て覚えただけなんで、なぜその種類を飼っていたかはわかりません。

5班①　牛が生まれたときに感動したことをもっと詳しく教えてください。

5班①の質問はもっと具体的に、例えば、「今でも感動していることは何ですか。」と聞いた方がよかったのではないかという批評があった。

A　えー、どういうふうに答えればいいんでしょうかねー。感動したこと、うーん、……えー、そのときはねー、この前もみんなの前で言ったかもしれないんだけども、びっくりしたような感じだったと思いますね。ところが、大人にだんだんなってきてね、一匹っていうのか一頭っていうのか、新しい生命が誕生するでしょ、その時に、……驚きですよ。ほんとに生命が誕生するの初めて見たわけですから、あとから見ると、すごいことだったんだなということがよくわかって、そういうことなんです。よろしいですか。

5班②　牛を飼っていますか。

A　（笑って）今は田舎にいませんから、全然、縁がないです。

5班②は、先の回答から発展させることが出来なかった。

2班①　そのとき、いろんな牛から、牛を見分けることはできましたか。

A　この人は何さん、AさんBさんって見分けるように、牛を見分けられるかっていうことですか。それはね、僕のうちではね、結局、親牛と子牛しかいませんでしたから、大きい小さいだけのことで、そんな牛を何十頭も飼っていたわけじゃないんでね、全然意識しなかったです。

（この後、たくさん飼っている場合の牛の見分け方についての説明があった。）

2班②　逆に、牛は、A先生と先生のお父さんとか見分けがついていましたか。

A　明らかに見分けてたと思う。そういうことは、いっぱいありましたからね。あ、あのときはちゃんとしてるけど、あのときはちゃんとしていないと、言うことを聞くとか聞かないとかありますから。牛もちゃんと相手を見ますね。

この質問の仕方がよかったと評価する生徒が多かった。

（これに続き4班から産声についての質問があったが、ここでは省略）

3班①　生まれたときってすごい可愛いわけですよね、牛って。

A　あー、それね、可愛いって……いやいや、さっきの、ぞおっとする感じですよ。ぞおっとするっていうか、びっくりする。生まれたその時は、なんか生の肉が息していて湯気がぽっぽ立って生臭い臭いが立ちこめてるって瞬間ですよ、生まれたとき、その瞬間は。

3班①は手伝いについて聞くのであるが、4班の産声の話題からの流れを考えて、このように話を始めた。評価したい点である。

3班①　そんな牛の世話の中で、先生がいちばん好きだった仕事はなんですか。

A　好きだった……好きだったときかれると困るんだな。うーん、好きだったのはないと思うんですよ。ただね、面白いっていうか、楽しくできるのは、乳を飲ませることですよ。道徳の時間に言ったように、バケツに手をそえて飲ませるときなんかは、喜んで飲んでくれるからね。

3班②　そういうことを思い返して、思い出に残っているのは。

A　覚えているのは、今の、乳をやったこととか、生まれた瞬間のこととか、それから、もらわれていったっていうのかな、これは肉になっちゃうんだと、雄が生まれたらすぐ肉ですから、行く瞬間ね、（この後、省略）

6班①　この間の道徳の時間に、蚕は日本ではあまり育てられなくなり、輸入に頼っていると言われましたが、そのことについてどう思われますか。

A先生によると、この質問がよかった、生徒に伝えたいことが

A	もっと具体的に。何を聞きたいのかはっきりさせないと、僕がちょっと答えられないんですよ。
6班①	（すこし考えてから）よい印象を持っておられますか。
A	よくないと思う。
6班②	それはなぜですか。
A	日本を支えてきた重要な産業だったわけ、養蚕業っていうのは。それが、養蚕やってる農家の人たちの人の、やめようという意志じゃなくて、やめさせられたような経済体勢に日本がなってったっていうことですよ。簡単に言っちゃうと。（この後、省略）
T	それでは、やがて時間になりますので、今日の「この人に聞く」はここで終わりにしたいと思います。
生徒全	（拍手）

あったからとのことであった。しかし、この質問は「絹の輸入についてよい印象を持っておられますか。」と聞いた方がよかったという批評があった。

6班②の生徒自身は、「それはなぜですか。」ではなく、もっと具体的なことを聞けばよかったと反省に書いている。

最初のクラスでのインタビューは、このように展開した。第一インタビュアーへの回答に続いて、第二インタビュアーは何とか質問を続けようと努力していた。聞き手である生徒たちにとっても、第二インタビュアーの質問への関心が高かったようで、評価用紙にも、この質問がよかった、とか、もっとこういうことを聞いた方がよかったといったことが、具体的に書かれていた。それについては、備考欄に記してある。

ゲストのA先生も初めてということで緊張しておられ、思いがけない質問（たとえば、牛が生まれたときの声）にとまどわれる場面もあった。

［四組の場合］

四組は四クラス目のインタビューであるが、このクラスでは、第一インタビュアー、第二インタビュアーと続いた後、さらに質問を（二人のうちどちらかが）続けるように指示した。その特徴的な場面を紹介したい。

発言者	インタビューでのやりとり	備考
	（はじめの部分は省略）	
1班①	A先生は牛を複数飼っていたと思うんですけど、その牛を一匹一匹区別して扱ってたっていうか、接するっていうか、一匹一匹の牛に対して区別できましたか。	
A	それは、大きいの小ちゃいのとかね、まだらがここにあるとか、ここにないとかね、顔んとこが白いとか黒いとか、それは二匹や三匹いるぶんくらいはそうやってみてれば区別つきますから、はい。	
1班②	それでは、逆に、牛は先生たちを見分けることが出来たんですか。	これは、先の一組と同様の展開である。
A	ばっちり。（生徒　笑い）なにしろね、えさをやるときに、態度が違うんです、牛の態度が。	
1班①	家族のうちでいちばん態度がよかったのはだれですか。	②への回答から、1班①は牛と家族の関わりについて話を進めている。
A	結局いちばん面倒みてた親父だね。面倒みるっていうのか、それが恐いのか知らないけども、いちばん親父の言うこと聞いてたから。僕らが行くと、要するにばかにされるわけ。子供が来たって、ばかにされるわけ。向こうも相手見てるわけ。	
1班②	家族の一人一人に対しての接し方が違うっていうこと。	1班②は、回答を別の表現で確認している。これも話し手への主体的な関わりであり、評価したい点
A	牛の方から、こちらに対して違う。散歩に連れていっても違う。	
1班②	ありがとうございました。	

5班①	まだ牛のこと聞きたいんですけど、生まれる前と生まれた後の心境の変化はありましたか。	である。
A	心の変化？	
5班①	心の中の気持ちの変化。	
A	（少し考える）前のことはわかんないんだけど、生まれた後、見たとき、今でも鮮明に思い出すぐらいだから、とにかくすごいことなんだなあともうびっくり。すごい、なんていうことだというような、今から言えば心境の変化。今までそんなことは全然意識ないんだけど。子牛が生まれるときはひっぱりだすんだなあと、そういうような変化はありましたよね。	
5班②	牛の接し方が変わりましたか。	
A	産まれた子牛だけはかわいい。（生徒笑い）そりゃやっぱり。今思い出すけどね、牛って言うのは、たとえばどういう声で鳴くと思う？	5班②のこの続け方は、①に対する回答からの発展性があってよかった。
5班②	モー。	
A	モーだよね。ところが、ああ、子牛っていうのはこういう鳴き方をするのかっていうのは、メーに近いわけね、子牛はね。子牛が生まれてまもなく鳴くときは。だから、うーんなるほどこうなんだなって。	
5班②	だれが子牛の面倒を見ていたんですか。	
A	家中でみてるんだけど、……やっぱり可愛かったんだと思うんだけど、学校から帰ってきて、まず、子牛のところへ行く。こういう感じは思い出しますよね。（この後、省略）	5班②は、さらに、牛を巡る家族について話を発展させている。
2班①	A先生は、昔、蚕を育てられていたと言ってらしたんですけど、一匹からどれく	

らいの糸がとれるんですか。

A　あとから勉強してわかったわけ。あとから勉強して聞いて、あー、そういうもんか、すごいなあって。千五百メーターくらい。

生徒　（事前に長さを予想していたため、「おー、近い。」という声あり）

A　とり方によると思うけどね、その蚕によっても違うと思うんだけど、出来上がった繭の目方違うから、大きいもの小さいものあったり、皮の厚さもおそらく違うんだと思うけど、最低千メートルはある、長いのは二千とかって聞いたことあるけどね。（この後、選択授業で三年生が育てた繭から糸をとって計ったときの話をする）

2班②　それで、糸をとった後の繭の処理はどのようにするんですか。

A　僕のうちでは糸とってたんじゃないけど、繭を出荷してた、検定所っていうのがあるんだけど、繭の検定所。ただね、繭の中には何が入ってる。

2班②　さなぎ。

A　さなぎが入ってるよね。さなぎは、鯉の餌になるわけ。あるいはね、蜂の子と同じように佃煮になるんですよ。油で炒めて。見栄えはすごく悪いけども。あるいは、うちでやってたけど、真綿って知ってるか？　真綿。

生徒　（挙手）

A　あ、すごい。どういうふうに使う？

1班②　マワタ？

A　真綿。

1班②　ワタ？

A　綿。シンのワタって書くの。

1班②　布団にするの？

A　そう、布団に使ってる。布団作るときにね、ほんとの綿を入れる前に、うすーく一枚すーっと入れるわけ。それ真綿っていうんだけど、その真綿を作るときに、蚕のね、こうたくさん飼ってると、繭のいいのは出荷なんだけど、中には穴あけて出ちゃうようなやつもいる、穴があきかかる、さなぎが孵化しちゃう、そういうのもあるわけだ。悪い繭もいっぱいでてくるわけ。そういうのはうちで煮て、さなぎ殺して、それからうんと煮れば柔らかくなるから、木、このくらいの枠があって、お湯の中でひっぱってると裂けてくるから、それを枠にきゅうっとのばしてかけて、そうすると真綿が出来るんだ。そんなのしょっちゅうやらされましたよ。さなぎを煮ると変な臭いがするんだけどね。そういう使い方ね。

2班②　それで、今までそういうふうにして自分たちの家で育てたのを、たとえば佃煮とか、あと、自分の家で処理しちゃうんですよね。その心境はどんなでしたか。

A　いやー、別に心境なんてないよ。長野県にいたんだけど、長野県はいろんなおもしろいもの食べてるっていわれるけど、それは昔からの貧乏県だから、蛋白が不足で、栄養をとるためにいろんなものを食べてたんだろうとよく言われるけど、蜂の子を食べたり、さなぎを食べたりね、いなご食べたりね。今はお土産になったりしてます、高級な。

2班②　そういう家とかで育てた蚕とか繭とかそういうのが、他のところで佃煮とかにされているんですよね。そのときは、どう思いますか。

A　結局ねえ、貧乏だったからみんなね、そういうもの食べたんだろうという。今は高級品で売られてるけど、みんなそういうの食べてたからね、やはりみんな貧乏

2班②は、回答をまとめて繰り返している。聞き手の生徒たちから、インタビューのよかったところとして、この点が多くあげられていた。「先生と話が弾むような感じだった。」と評した生徒もいる。ここでも②は回答を繰り返して、次の質問に入っている。

2班② だったんだろう。当たり前みたいに食べてたから、そういうもの。今になってね、みんな歳でしょ、鯉の餌食べてたんだなとか、兄弟で思い出話ですよ。

A 牛と違って蚕には愛情とかいうのは全然なかったんですか。

2班② 牛と違う。蚕なんて可愛いなんて思わなかったもんね。牛は可愛いと思った、さすが。やっぱり子牛は。で、憎らしいときもあったし。今、蚕の顔をまじまじと見れば、うんなるほどなんかやさしい顔してるなって。ありがとうございました。

②は、蚕の話題を、これまでの牛の話題と関連させようとしている。

このやりとりから、第一インタビュアーも第二インタビュアーも、受け身として聞くだけでなく、主体的に話し手に関わって内容を深めていく様子が分かる。一班の質問では、牛の区別という話題から、家族との関わり方まで話題を深めることが出来ている。これは、先の一組でのインタビューが、「牛も人を見分けたか。」で終わってしまい、それ以上深まらなかったことと対照的である。また、二班の第二インタビュアーは、「今までそういうふうにして自分たちの家で育てたのを、たとえば佃煮とか、あと、処理しちゃうんですよね。その心境はどんなでしたか。」といったように、相手の答えの要点を繰り返した後で、次の質問に移っている。備考にも書いたが、これはクラスの生徒から高く評価されていた。まさに、「主体的に聴く」態度の現れであるといえよう。

(6) インタビュー後の生徒の変容

インタビューを経験する前と、その後とでは、生徒のインタビューに対する意識がどのように変わったであろうか。先の「3　生徒の実態」と比較してみたい。

「今日の経験から、インタビューで大切なことは。」の問いに、「礼儀」と答えた生徒は、わずか一四人になった。

事前の調査では半数以上がこれを挙げていたのと対照的である。

これに対し、インタビューの内容について挙げた生徒は、事前調査のときと同様多いが（九〇人）、その指摘の仕方が具体的になってきている。たとえば、質問の内容に関しては、

・質問の内容を整理し、簡潔にまとめてする。

・質問される側に立って相手が答えやすいような質問にする。

・いろいろな角度からの質問をする。

・似たような質問を何度もしない。

といった書き方をしている。この九〇人の中で、一三人は、質問の仕方について挙げ、次のように書いている。

・相手の答えを生かしていくこと。

・一つの話題を深くまで持っていき、話を展開させるようにする。

・答えたことをそのまま終わらせないで、話を広げること。

これは、今回の実践のポイントであった、二人のインタビュアーの役割から考えたものであろう。また、このことに関連していると思われるが、「臨機応変に対応すること」といった指摘をした生徒が六人いた。インタビューの展開について挙げた生徒もあり（九〇人中一一人）、「相手が話しやすい質問の順番を考えること。」「一番聞きたいことをどこに置くか。」といったことを書いている。このように、実践を経て、その内容や進め方について、大切な点が具体的に見えてきたと共に、インタビューは単に質問をするのではないことも理解されてきているといえるのではないだろうか。

この、単に質問をするのではないといったことに関連して、インタビューに大切なこととして、次のような回答があったことに注目したい。

・相手の気持ちを確認しながら、共感すること。
・聞く内容に対する旺盛な興味。
・お互いが理解し合い、心を通わせてインタビューすること。
・「質問」しているのではなく、「会話」をしているような雰囲気にする。

これらのことをあげた生徒が九人おり、いずれもインタビュアーとなった生徒たちであることは注目すべきことであろう。更に、そのうちの六人は、最後のクラスの、質問をいくつも重ねていった生徒たちである。この生徒たちは、インタビューをしながら、ゲストの話を興味を持って聞き、共感し、更にもっと聞きたいという興味を起こしていたと思われる。「主体的に聴くこと」そのものの姿勢といえよう。

インタビューへの理解に関する変容を示す感想を紹介したい。

> 私は、インタビューは、ただ人に質問するだけかと思っていた。けれど、ただ質問するだけなら、アンケートになってしまう。だから、よりよいインタビューにするならば、質問からかえってきた答えから、またさらに発展した質問をして、相手の話をよりいっそう深めていくものなのかな?と思った。
> 私は今日の授業で、インタビューとアンケートは違うのかな?と思いました。右にも書いてあるように、質問するだけならばアンケートをとればいいけれど、今日のインタビューは、質問から返ってきた答えにそって、また質問をし、その話の内容を深く追究していてよかったと思う。

この生徒は、事前の調査では、インタビューに大切なこととしてマナーをあげ、失礼なことをしない、しっかり聴く、はっきり言う、の三つが具体的なこととして説明されていた。しかし、インタビュー後の調査では、「マナーもそうだけど、マナーは常識として、相手の話の内容を深く知るために質問するのが大切（質問する内容が大切）」と記している。それに加え、右のような感想を書いている。単に人に質問するのではなく、相手の話をよりいっそう深めていくための聞き手のありかたについて、体験をもとに学習したことがよく現れている。

また、相手の話を聞くときの態度として、あいづちを入れた方がよかったという感想が何人かにあった。これは、五月のはじめに、教科書教材「留守電話はなぜかけにくいか」（向後千春）を学習したことと関連があるかと思われる。この教材は、留守番電話がかけにくい原因を追究した説明文であるが、その中に、次のような一節がある。

「会話を円滑に進めるためのもうひとつの重要な要素として、『あいづち』というものがある。」

これに続き、どのようなタイミングであいづちを打つと話しやすいかの実験と、その結果が書かれている。これが生徒の印象に残ったようで、インタビューの準備の時に話題にしている生徒もいた。しかし、実際のインタビューでは、頷く程度が多く、明瞭にあいづちを打った生徒は少なかった。

これについて、次のような感想が書かれている。

先生が話しているときに、あいづちを入れたり、「それでどうしたんですか。」など、しっかり聴いてますよということを態度で表した方がいいと思った。「留守番電話はなぜかけにくいか」でやったように、先生側も一人語りをするのはやりにくいと思うので、あいづちは大切。

このあいづちをさらに発展させて、

質問するときは、自分の意見、感じたことを混ぜながらしたほうが、相手が答えやすいと、今回の体験で感じた。

という インタビュアーもいた。いずれも、体験から出てきた、聞く態度、話し手へ積極的な関わり方に対する意見といえよう。

5　実践の成果と今後の課題

各クラス一時間ずつの実践であったが、インタビューを楽しむことができた。特に、第二インタビュアーがどんな質問をするかが、インタビュアー同士だけでなく、インタビューを見ている生徒の関心も集めていた。この第二インタビュアーを設定したことで、教室全体が、話し手の答えを「聞く」だけでなく、「考えながら聞く」姿勢になっていたといえよう。「主体的に聞く」というねらいについては、有効な設定であったと思われる。

また、学習後の感想に見られたように、インタビュアーが、話し手への共感、話の内容に対する興味が大切であると実感できたことは、成果といえる。言葉に込められた思い、言葉に表れたその人らしさを感じとることにつながっていくことでもある。

これらは、いずれも、体験を通して学ぶものである。今回のインタビューは、時間の関係で各班から二名のインタビュアーを出すという方法であった。国語の授業の中で行うときは、全員がこの体験をするように計画する必要がある。また、友達同士のインタビューごっこにならないよう、ある緊張感を持って臨める相手がよいと感じた。聞く言葉を吟味しようとすることも大切な学習だからである。その点では、国語の授業の中では、制約が多いとも言える。今回のように、総合的な学習の時間との連携なども考えていくべきであろう。

「聞く力」そのものを育てる学習としても、生きた言葉の力を感じさせる学習としても、インタビューは有効であると思う。その指導方法について、これからよりよいものを探っていきたい。

（注）『中学校指導書　国語編』（平成元年七月　文部省）の「1　改訂の趣旨　イ　改善の具体的事項（中学校）」に次のように書かれている。

（イ）「理解」の領域については、聞くことに関する能力を高めるとともに、特に文章力の展開に即して内容を的確に読み取ったり的確に要約したりする能力を伸ばすため、内容の示し方を改める。

Ⅳ　声に出して言葉を楽しむ

音読・朗読を楽しむ生徒を育てる（中学二年生）

はじめに

平成元年の学習指導要領から、音声言語指導について一層の充実が図られるようになった。「A　表現」には朗読、話すこと、話し合いの三項目について、指導事項が掲げられている。ここでは、この音声言語指導の中の音読・朗読の指導について考えていきたい。

朗読については、学習指導要領に、「文章を音声化することによって、更に理解を深めたり、表現する喜びを味わったりすることについての指導事項」（『中学校指導書　国語編』　平成元年七月　文部省）として、学年ごとに次のような指導事項が示されている。

第一学年　ク　文章の内容や特徴がよくわかるように朗読すること。
第二学年　ク　文章の内容や特徴に応じた読み方を工夫して朗読すること。
第三学年　キ　文章の内容や特徴を生かして効果的に朗読すること。

また、「言語事項」においては、音声言語全般にかかわることとして、発音、音声についての指導事項が次のように示されている。

第一学年　ア　話す速度や音声、言葉の使い方などに注意すること。

第二学年　　ア　言葉の調子や間のとり方などに注意すること。

これらは、朗読の際の、音量、速度、調子、間のとり方などにも共通するものであろう。

生徒が音声言語を楽しむ機会を積極的に作りだし、また、それによって日本語の美しい響きを感じ取らせることができるような指導を工夫していきたい。

1　教科書における音読・朗読の扱い

教科書において、音読・朗読はどのように扱われているであろうか。このことについて、平成九年度から使用される教科書について見ていく。

まず、音読・朗読を学習の中心においている教材、また、朗読の留意点などを扱った教材（コラム）を挙げる。参考にしたのは、各教科書の巻頭あるいは巻末に収められている学習のめあてや、各教材のあとに置かれた学習の手引きなどである。

〈光村図書〉

・第一学年　第一単元　　第一教材　詩「野原はうたう」　工藤直子

これは、朗読のための教材として配置されているものである。平成五年版からの継続であるが、新版では朗読を誘《いざな》う文章が詩の前に載せられている。この教材のあとに「朗読――楽しく、のびのびと」というコラムがあり、朗読の留意点として、「よい姿勢で」「強弱や速さに気をつけて」「間のとり方を工夫して」の三点が、解説とともに挙げられている。中学校の国語開きとして、作品との出会いを朗読を楽しむことにおき、さらに、朗読の基本を押さえるよう配慮されている。

〈教育出版〉

・第一学年　第一単元　　第一教材　詩「河童と蛙」　草野心平

詩の面白さを群読で表現する学習である。これまでも取り上げられていた教材であるが、新年度版では、群読の学習について、平成五年度版までの教科書より詳しく扱っている。

また、第二学年第一単元の詩「春でぇむん」(照屋林賢)「麗月」(一戸謙三)の学習の手引きには、「自分たちの郷土の詩を探して朗読しよう。」と指示されている。

〈東京書籍〉

・第一学年　第一単元　　第一教材　詩「見えないだけ　年若い友へ」　牟礼慶子

音読を中心的な学習としている教材である。第三教材に、「話し方はどうかな」(川上祐之)があり、聞き手によくわかる話し方について具体的に述べているが、これは、音読・朗読にも通じる内容である。この教材の後に、「声に出して読んでみよう」という指示で、詩「はる」(畑中圭一)が載せられている。

・第一学年　表現二　身近な生活体験を書く

生活体験を書くという表現活動の最後に、朗読発表会を設定している。「書いたものを発表するには、どこに気をつければよいだろう。」として、出来上がった作文に朗読の留意点を注記したものを提示している。さらに、朗読するときの心得として、「みんなのほうを向く。」「会場全体のみんなに聞こえるように話す。」「正確な発音で話す。」「適切な速度で話す。」「言葉の調子や間のとり方を工夫する。」の五点が挙げられている。

第二学年、第三学年も、第一単元には詩が置かれている。「学習のめあて」によると理解学習が中心であるが朗読も取り入れられている。

〈三省堂〉

・第一学年　第一単元　　第一教材　詩「めがさめた」　工藤直子

「めがさめた」は、朗読のための教材として配置されている。このあとに物語文「竜」（今江祥智）があり、続いて、コラム「音声」の「読み方をくふうして」がある。このコラムでは、二つの教材の読み方の工夫について具体的に説明し、「聞き手を意識しながら、声の大きさや速さ、また、その変化に気をつけて、声の表現を楽しみましょう。」と結んでいる。平成五年度版も第一教材は詩であったが、新版の方が朗読教材としての扱いが全面に出ている。

・第二学年　第一単元　　第一教材　詩「ジーンズ」　高橋順子

第一学年の場合と同様、朗読を中心とする教材である。

また、古典教材のあとに、第二学年はコラム「美しい響きで」を設けて群読を扱い、第三学年はコラム「漢文の朗読」を設け、漢文のリズムの美しさを楽しむよう勧めている。

〈学校図書〉

・第一学年　表現四　古典を朗読する

古典教材のあとに、表現活動として朗読の学習活動を組み、「文字を正確に読む」「文の仕組みを考えて意味をとらえ、間のとり方を工夫する」「会話文の読み方を工夫する」「調子を変える」の四点をあげている。この中の「調子を変える」は、文体や内容によって、強さ・高さ・速さなどを変えることを意味している。

・第二学年　表現四　古典を群読する

第一学年と同じく、古典教材のあとに、表現活動として群読の学習活動を組み入れ、具体的な群読の案を示しながら読みを深めるような学習としている。

以上が、音読・朗読を学習の中心にした教材、あるいは、それに関するコラムである。第一学年、第二学年では、学年の冒頭の教材に詩を置き、朗読を中心とした学習を展開する形が多いことがわかる。平成五年版の教科書と比較しても、この傾向が強い。

このように音読・朗読を学習の中心にしたものだけでなく、詩、短歌、俳句あるいは古典においても、音読が重視されている。また、文学的文章においても、理解学習の学習過程の中に音読・朗読の学習が組み込まれている。学習の手引きに、次のような形で指示されている。

・「この作品の表現のおもしろさを味わいながら朗読しよう。」（教育出版　第一学年「オツベルと象」）

・「作品の味わいを生かして、朗読を工夫しよう。」（教育出版　第二学年「夏の葬列」）

・「次のことに注意しながら、グループで分担して、朗読しましょう。

・登場人物の気持ち、情景、会話の調子・間、スピード」（東京書籍　第二学年「形」）

・「この小説は、語り口調で書かれている。この調子を生かして朗読してみよう。」（学校図書　第二学年「走れメロス」）

・「この文章を、次の点に注意しながら朗読してみよう。

①文吉、おふじ、ぬすっと、役人のそれぞれの人物像がよくわかるように、会話の部分を工夫して読もう。

②地の文を読む人、それぞれの人物の会話の部分を読む人、というふうに役割を決めて朗読しよう。」（学校図書　第一学年「ぬすびと面」）

・「28ページ13行目から終わりまでを、地の文を読む人と、正一、父親、母親、おばあさんの役になる人に分かれて、朗読してみよう。」（光村図書　第二学年「六月の蠅取り紙」）

・「登場人物の心情の変化に注意しながら、印象に残った部分を朗読しましょう。」（東京書籍　第三学年「いちご同盟」）

・「最も心に残っている場面を選び、朗読しよう。」（三省堂　第二学年「走れメロス」）

このような形で、学習展開の中に朗読を組み込みながら、あるときは学習のまとめとして、あるときは読解の手立てとして、理解と表現を関連させた学習を進めるよう示されている。

2　単元設定の理由

教科書において、音読・朗読のための教材を置いたり、あるいは、理解教材の学習過程で朗読を取り入れたりしていることは、前項に示したとおりである。しかし、これらの学習をより効果的にするために、音読することそのものを楽しむ活動を日常的・継続的に組み込むとしたら、どのような学習が考えられるであろうか。とくに、詩教材については、学年の冒頭の教材では朗読を中心に学習を展開しても、その他の詩教材では、ややもすると理解学習が中心になりがちである。声に出すことそのものを楽しむ詩を授業の中に多く取り入れることにより、日本語の持つ響きのよさやリズムを感じさせる機会を増やすことが必要ではないだろうか。この課題について、

・声に出して読むことを楽しませること
・継続的に学習させること

の二つを重点に、年間を通した帯単元的な学習を試みることにした。

3　単元のねらい

音読・朗読は、理解活動と密接に結びついたものであり、文章の理解が読みに表れると同時に、朗読により文章の理解が深まることは言うまでもない。さらに、このことと同時に大切にしたいのは、文章を音声化することにより、日本語の美しい響きを感じ取らせるということである。これについては「はじめに」にもふれたとおりである。

これらのことから、単元のねらいを、次の三点におくことにした。

1　音読することの楽しさを味わうことができる。
2　音読により、日本語の響きの美しさを感じ取ることができる。
3　文章の内容にあった読みを工夫することができる。

この1・2については、「2　単元設定の理由」でも述べたように、教科書の冒頭の詩教材や古典教材の朗読の面白さを、年間の学習の中にもっと取り入れることをねらいとし、年間を通した単元として設定した。できるだけ多く音読の機会を作り、声を出すこと、全員で声を合わせることを楽しむとともに、日本語のリズムや響きのよさを実感させたいと考えたからである。また、3については、生徒同士の相互交流を取り入れた学習を試みたいと考えた。

4　指導の実際

単元のねらいにしたがって、次のような二つの学習指導を試みた。

1　声を出そう 2　朗読テープを作ろう

次に、それぞれの指導の実際、および生徒の様子について述べていく。

(1)　声を出そう

①　学習の方法

音読を楽しむ活動を継続的に取り入れる試みとして、毎時間の始めの二～三分を利用して詩の音読をさせる。年間を通して行うため、帯単元といった形をとることになる。

一編の詩を、一回目は読み慣れる、二回目からは読みの工夫や暗唱をしながらといった形で、音読していく。全員で声を合わせることを楽しむことに重点を置く。（単元のねらい1）また、文語調の定型詩や古典作品も取り入れることにより、日本語の持つリズムや響きのよさを感じ取らせていく（単元のねらい2）。声を出すことが目的であるので、原則として、内容については読み方に関係のあるもの以外はふれない。

この試みは、一年次から三年次までの三年間を通して実践し、現在は二回目の実践に入っているところである。

②　教材と指導の方法

三年間の流れの中で、どのような作品を扱ってきたかをまとめてみる。

(1)　一年生一学期の単元入門ともいうべき時期には、全員で声を合わせることになれると同時に、声を出すことそのものを楽しむことのできる詩を扱った。姿勢を整え、口をはっきり開けて明瞭な発音をすることを心がけながら読むよう指導した。

〈例〉

・「であるとあるで」　谷川俊太郎　（P.243上資料参）

「である」と「でない」を組み合わせた詩。明確な発音を指導するのに適している。言葉遊びの詩であるため、生徒の興味を引いた。二回の実践でいずれも最初に扱っている。

・「かっぱ」　谷川俊太郎

この詩は知っている生徒が多いので、すぐ声に出して読み始める。教室を二分し、一方の生徒は詩をそのまま音読し、もう一方の生徒は「かっぱ」という語を繰り返すという方法で音読させ、声を合わせることのおもしろさを味わわせた。

・「滝桜」　草野心平
・「雲雀」　草野心平
・「竹」　萩原朔太郎　など

(2)　声をそろえることになれてきたところで、グループに分かれて読んだり役割り読みをしたりするなどの工夫をしながら、音読を楽しむ詩を扱った。生徒から出たアイディアを生かしていろいろな音読をしながら、一編の詩を何回かにわたって扱う。このころになると、授業の始めに「声を出そう」と題するプリントを配ると、それぞれで声を出して読み始めるようになっている。

〈例〉

・「かえるのうたのおけいこ」　草野心平

登場するかえる「ぐりま」、その他大勢のかえる、地の文と、役割を分けて読む。全員で声を合わせる部分とひとりの読み声の部分があり、その掛け合いの緊張感がある。「ぐりま」役を交代し、何回かにわたって扱った。

・「お祭り」　北原白秋

二回目の実践の時に初めて扱ったが、時間の関係で第二連までにした。一年生が互いに慣れてきたところでもあるため、グループで話し合いをしながら音読に取り組ませたいという意図で、授業の始めの音読から発展させて二時間を当て、グループごとに練習、そして音読発表会へと進めた。グループによってさまざまな読み方があり、聴くことも楽しむと同時に、その工夫を生徒同士で学び合うことができた。

・「古い寓話」　草野心平
・「河童と蛙」　草野心平　　　など

(3)　毎時間の始めに音読をすることが定着してきたころから、ときどき暗唱を取り入れていった。新しい詩との出会いの時は全員で声を合わせて読み、二回目から暗唱に入る。短い詩は一回で暗唱させるが、長い詩は、一回に一連ずつ、何回かにわたって暗唱させる。場合によっては、教室を二分し、一方は暗唱、もう一方は詩を見ながらといった形をとることもある。初めは、暗唱というとたいへんなことのように思っている生徒も、短時間で覚えられることがわかると、暗唱への抵抗が少なくなる。また、全員で声を合わせるため、あまり負担も感じないようであった。

日本語のリズムや響きの美しさを感じとらせるため、文語調の定型詩を扱ったが、一年生でも取り組みやすかった。

〈例〉
・「ごあいさつ」　谷川俊太郎
内容の面白さとリズムのよさで、繰り返し音読するうちに暗唱がほぼ出来てしまう詩であった。
・「私と小鳥と鈴と」　金子みすゞ
「この詩は好きで、暗唱しています。」という女子生徒の言葉に、それではと、全員で取り組んだ。リズムのよさと、第一連・第二連が同じ形式であることで、暗唱しやすいようであった。
・「われは草なり」　高見　順　（P.243下資料参）
一年生にとっては初めての文語調の定型詩であったが、小学校の教材としても扱われているものであり、抵抗なく受け入れられた。四連からなるため、四回に分けて暗唱させた。一回目の実践のときは毎時間の始めに数人ずつ暗

〈声を出そう〉

〈声を出そう　1〉

であるとあるで

谷川俊太郎

であるはであるでなかろうか
であるがでないであるならば
でないはであるになるだろう
でないがであるでないならば
であるはでないでなかろうし
でないであろうがなかろうが
であるはであるであるだろう

あるではあるでうろかなか
あでるがでないあなばるら
いなはであるにでうるだろな
ないでがでるあでいなばら
はあるでなでいでなろうしか
いなでであがろうかながろう
でるはあでるあであだろうる

〈声を出そう　23〉

われは草なり

高見《たかみ》　順《じゅん》

われは草なり
伸《の》びんとす
伸びられるとき
伸びんとす
伸びられぬ日は
伸びぬなり
伸びられる日は
伸びるなり

われは草なり
緑なり
全身すべて
緑なり
毎年かは《（わ）》らず
緑なり
緑のおのれに
あきぬなり

われは草なり
緑なり
緑の深きを
願ふ《（う）》なり

ああ　生きる日の
美しき
ああ　生きる日の
楽しさよ
われは草なり
生きんとす
草のいのちを
生きんとす

唱させたためか、生徒の印象に残り、三年生になってからも、この詩が話題に出ることがあった。

・「少年の日」　佐藤春夫
・「海辺の窓」　佐藤春夫
・「雪」　三好達治
・「桃の花さく」三好達治
・「小景異情　その二」　室生犀星
・「山のあなた」カール・ブッセ
・「初恋」　島崎藤村　など

③　**教科書単元との関連**

この「声を出そう」は年間を通して行う単元として設定したものであるが、教科書教材との関連も図るため、古典教材の音読を単元の中に位置づけた。例えば『平家物語』の学習においては、冒頭部分をこの「声を出そう」にとり入れ、暗唱へと導いた。また、漢詩の導入にもこの「声を出そう」の音読を利用した。一年次から暗唱になれているため、古典の暗唱にも抵抗なく取り組むことができた。

④　**生徒の実態**

一回目、二回目の実践とも、授業の始めには詩を音読するという形が定着し、プリントを配布するとすぐ声に出して読み始めるようになった。音読を楽しむ詩は主に一年次に扱い、二年次からは定型詩でリズムや響きのよさを味わわせることに重点を置いた。そのためか、二年次になると、全体で声を合わせて読んでいるときに指示がなくても暗唱をしようとする生徒が見られるようになった。

三年間の学習を終えた生徒の感想には、次のようなものがある。

・何にしてもいろいろな詩を知っていることはとてもすばらしいと思う。しかも、声に出すことでリズムがわかるのでよいと思う。
・自分は暗唱について苦手で出来ないと思っていたら、案外簡単に覚えることができたのがすごかった。
・たくさんの詩にふれることができて、いま考えればとてもいい経験になったと思います。中でも、とてもシンプルだった「太郎を眠らせ、太郎の屋根に雪ふりつむ。………」というのが印象的でした。
・声をだして読んだせいか、昔のことでもずいぶん記憶に残っている詩が多いからよかった。
・定型詩がおもしろかった。いちばん印象に残っているのが、「山のあなた」と「絶句」です。

(2) 朗読テープを作ろう

① 学習の方法

夏休みの課題として、朗読を吹き込んだテープを作らせた。事前指導として、一学期の理解学習の中にグループによる朗読の学習を組み込み、朗読の留意事項として、声の強弱、緩急、間のとり方の工夫などを指導した。それをもとに、文章の内容にあった読みを各自で工夫する学習へと発展させたものである（単元のねらい3）。また、この学習は、出来上がったテープを交換して聴くことによる、相互交流、学び合いも目指している。

② 教材

『朝ごとの花束』　立原えりか　講談社文庫

③ 指導の実際

朗読テープの作成は次のような手順で行わせた。

① 一六編の童話から二編を選ぶ

『朝ごとの花束』には、見開きに一編という形式で、六五〇～七〇〇字の短編童話が八三話収められている。ラジオで放送されたものであるため、声を出して読むものとして適している。一回目の実践では、全員にこの本を買い求めさせ、全編を音読した後二編を選ぶよう指示した。しかし二回目の実践の時はすでに絶版となっていたため、一回目の実践で人気の高かった作品を中心に、指導者の側で一六編を選び、プリントにして配布した。その中から二編を選ばせた。

②　朗読台本を作る

プリントの文章に朗読のための記号を記入し、朗読台本を作る。朗読のための記号は、強弱、緩急、間など、各自で決め、記号の意味を欄外に記入することとした。（次頁資料参）

③　朗読台本にしたがって練習する

一編の朗読にかける時間は二分以上とした。これは、全体にゆったりと読ませるためと、間のとり方を工夫させるためである。朗読にかかった時間は、台本の最後に記入させた。

④　一〇分のテープに二編を録音する

出来上がったテープを互いに聴き合うことを予定しているため、再生に都合のよい一〇分テープを用いるよう指示した。ラジオ番組風に、始めと終わりに音楽を流すなどの工夫をしてもよいが、朗読を主体とするため、ＢＧＭを流すのはあまり好ましくないとした。

続いての学習として、九月から一〇月半ばまでの一か月半に、互いのテープを八本以上聴き、相互評価を行わせた。一回の貸し出しは一本。この学習に関しては、個々のテープへの評価（P.249資料参）と、学習をふりかえるためのプリント「テープを聴き終えて」に、印象に残ったテープとその理由、楽しかったこと、たいへんだったこと、

〈朗読台本〉

（声を出そう17）

宝島

間…「、または✓」
強く　◎
ゆっくり　〜
弱く　△

「腕時計の中には、宝石が入っているんだよ。小さいけれど、ほんものの宝石が、たくさん入っているんだ」ときいたとき、小さな男の子は胸をときめかせました。ちっぽけな時計の中に、十個以上ものサファイアやルビーが入っているというのです。それは、まるで宝島をひとつ見つけたようなものでした。

あるとき、父親から使いものにならなくなった腕時計をもらうと、男の子は大よろこびで時計を分解しました。

宝島はどこだろう。

サファイアやルビーはどこにかくしてあるのだろう。

丸二日かかって、時計をすっかりばらばらにした男の子は、とうとう見つけたのです。ピンセットでつまみあげるのがやっとの、小さな宝石……。

でも、それはまぎれもなく、青いケシつぶのようなサファイアと、夕やけのしずくをくだいたようなルビーでした。

「ドロボーが入ってきたら、盗まれてしまう」心配した男の子は、やっと見つけた宝ものを、秘密の場所にかくしておきました。

男の子の秘密の場所は、三つの鏡でできている、万華鏡の中だったのです。万華鏡をのぞくと、宝ものは、見つけたときの数倍になって、きらきらと光りました。

小さな男の子は、誰にも見つからない、気づかれることもない、すてきな宝島をひとつ、手に入れたのでした。

2分06秒

（声を出そう18）

かいじゅうのたまご

雑貨屋の店さきに、バスケットに盛ったたまごがひと山おいてありました。ニワトリのたまごより大きくて、アヒルのたまごよりは小さい、みどりいろのたまごです。

「ほんものの、かいじゅうのたまご。かならず、かえります。ひとつ五十円」

と書いた札が、たまごの真ん中に立ててありました。

子どもが大勢やってくる雑貨屋にふさわしい、おもしろい思いつきだと感心して、かいじゅうのたまごを三つ買いました。

ひとつはうちの、三つになる男の子に、あとのふたつはおとなりの、ふたつになったばかりのふたごに、おみやげにしたのです。

三人の子どもたちはよろこんで、かいじゅうのたまごをもらってくれました。

それから十日すぎて、たまごは割れ、中からみどりいろの小さなかいじゅうが出てきました。子どもたちは大よろこびで、かいじゅうに食べさせる木の実をとりに行きましたが、たまごを買ってきた父親は腕組みをして、かいじゅうがこのまま育って、大人《おとな》になってしまったらどうなるのだろうかと、考えています。

〜 ゆっくり
‖ 大きく 強く
□ の言葉に 気をつける
つなげて 読む

かかった時間
2分10秒

この学習から得たものについて記入させた。（P.250資料参）

④　生徒の実態

(1)　朗読テープの作成について

出来上がったテープは、それぞれに練習のあとが感じられるものであった。とくに、二分以上という設定にしたため、聴きやすい速度で読まれており、間のとり方なども工夫が感じられた。朗読台本と照らし合わせて聴くと、声の強弱、間のとり方は考えたとおりにできているものが多かったが、緩急については、台本で考えたものが読みに表れていないものもあった。また、台本でたくさんの工夫を考えたものの対応できていない例もみられた。

学習のまとめとして、選んだ作品とその理由、楽しかったこと、苦労したこと、この課題を終えて、の四項目について学習を振り返らせた。（P.251資料参）そこに書かれた意見、感想から、生徒の学習の様子を探ってみたい。

①　自分の読みの客観的な評価

当然のことだが、生徒にとっては、自分の読み方を客観的に聴く機会となる。適度だと思ったスピードが、聴いてみると速いと感じたり、自分の読み癖に気づいたりするなど、自己評価をする機会になった。次の感想から、その様子がうかがえる。

・「です」「また」というところを、「ですー」「またー」などとのばして読んでしまったり、「ざっかやの／みせさきに」などとたくさん切ってよんでしまったりするのを直すのが大変だった。でも、練習して直すことができたのでよかった。
・自分ではゆっくり読んだつもりでも、実際テープを聴いてみると、速かったり間がなかったりして、思うようにいかなかった。

〈聴いたテープの評価〉

年　組　番 氏名

	／	氏名	題名	ここがよかった　もっとこうしたほうがよかった
1	9/7		イイロン伝説	ゆっくりとした口調でとても聞きとりやすかったです。
			かいじゅうのたまご	お父さんの気持ちをよく表している読み方が印象的でした。
2	9/8		はと時計	間のおき方が上手でていねいに読んでいました。
			海からのおくりもの	男の子の気持ちをうまく声にして表していると思いました。
3	9/10		記念写真	しっかりとした声で強弱もはっきりしていました。
			なくしたもの	最後の間がちょうどいい長さでじーんとくるようでした。
4	9/12		たんぽぽ入りのおむすび	同じものを朗読したけれどほのぼのが高橋君にぴったりです。
			消しゴム	静かに読む感じが、物語とぴったりで高橋さんらしさを表していました。
5	9/18		記念撮影	ネコのかわいらしい姿が思い浮かぶような洗練された読みでした。
			無人島へもっていくもの	子供達のそれぞれのセリフが1つ1つ違いが出ていて上手でした。
6	9/24		はとどけい	はきはきとした口調が気持ちよく耳に入る読み方が良かったです。
			夏休みのおわらない島	練習した成果がにじみでていると思いました。
7	9/30		たんぽぽ入りのおむすび	うさぎのおじさんのセリフがうまくて、お気に入りの1つです。
			なくしたもの	聞きやすく、やさしい感じで読めているので感心しました。
8	10/2		のいちごの酒	ねずみのセリフや娘の行動が分かりやすい読みなので良かったです。
			夏休みの終わらない島	読みにくくて分かりにくいところをちゃんとクリアできていました。
9	10/9		ねむりの国へ.	数を数えるところが不自然にならないところがいいと思いました。
			海の星	全体的に感情が込もっていてきちんと読みこなしていました。
10	10/14		無人島へ持っていくもの	すごく感じがでていてゆっくりと読んでいたので良かったと思います。
			宝島	しみじみとした感じがでていて間がよくとれていた。

〈印象に残ったテープについて〉

テープを聴き終えて

組　番（　　　）

1 聴いた数
（13）本

2 印象に残ったテープ
名前（　　　）
理由ー ここを自分はしっかり読みたい、というところをすごく強く読んでいた。強さにすごく工夫していてびっくりしました。
名前（　　　）
理由ー 特に間のあけ方がすごくよかった。一つ一つの読み方もあわてていなくて、じっくり読んでいた！
一語一語を大切に読んでいた。
とってもgood!!

3 楽しかったこと
一人一人の「詩」に対する考えが、テープを聴いていてよくわかった。それにそれぞれの人がどんな詩をどのように読んでいるのか、きくのが楽しかった。そして、私にかたりかけているように読んでいるのをきくのも楽しかった。

その人がそばにいるようで……

4 たいへんだったこと
聴き終わって、その人がどのように読んだのかを、感想にして書く時、どのようにあらわしたらいいのかまよった。

読むのがはやすぎて、あまりよく聴きとれない時もあった。

5 この学習から得たもの
人の朗読を聴くことによって、その人がどんなことに気をつけて読んでいるのか、詩に対してどんな気持ちなのかがわかる。自分とどう読み方がちがうのかとかも発見できた。

人それぞれの読み方で、工夫の仕方によって、同じ詩でもいろいろな感じ方で聴きとれた。

テープを聴き終えて

組　番（　　　）

1 聴いた数
（11）本

2 印象に残ったテープ
名前（　　　）
理由ー すごくはっきり読んでいて、とても聞きやすかった。"あとがくれんぼ"でてくる男の子で、悲しい気持ちがよくわかった。
名前（　　　）
理由ー 工夫してある所がたくさんあった。（まちがった白いねことか、あと、"しの中と、ナレーターのちがいもよくでていた。）それから、とても、調子がよくて、聞きやすかったです。

3 楽しかったこと
人それぞれ、いろんな工夫をしていて、（とくに自分がやったのだとよくわかった）それをみつけるのが楽しかった。それと、自分以外のテープを聞くことでこれから私もこんな読み方をしたいと考えられてよかったと思う。

4 たいへんだったこと
ついテープを聞くのを忘れたりして、ずいぶん日にちをあけてしまったりした。

5 この学習から得たもの
同じ文章を読んでも、人それぞれで、強調したい所や、弱く読みたいところ、それから、間のとり方がちがうので、きっと、感じたこともちがうんだと思った。

〈学習を振り返って〉

朗読に取り組んで

組　番（

☆選んだ作品

1 アイロン伝説 （2分32秒）

2 なくしたもの （2分15秒）

☆選んだ理由

1 どこの家でもあるアイロンは魔ものが変わったものなんてストーリがおもしろいし、緩急もつけられそうだったから。

2 最後部分をよんだ時なんだか祖父母の家のまわりにたくさんいるホタルがうかんできて この季節にぴったりと思ったから。

☆楽しかったこと　苦労したこと

自分で読んでみながら印をいれていったけれども、いざ読むとなったら印通りに読めなくて何回も失敗してしまいました。でも聞いてみると心で失敗したと思っていた所が意外とうまく聞こえてたりしておもしろかったです。

☆この課題を終えて

この短い物語はなんとなく読んでしまうとすぐ終ってしまうけれど、このように朗読台本まで作って読んでみると一つ一つの書いてある言葉の表現にとってもおもしろい意味がふくまれているんだなということがよくわかりました。テープにふきこんでみたのは初めてだったのでとっても楽しく自分流に読めるのがおもしろいなと思います。でも、意外と読めば読むほどだんだん工夫するところが多くなって時間をたくさんかけて練習できてよかったです。

朗読に取り組んで

組　番

☆選んだ作品

1 なくしたもの （2分3秒）

2 夏休みが終わらない島 （2分8秒）

☆選んだ理由

1 ホタルが姿を変えた男の子の様子が強く心に残ったから。

2 なんとなく共感できる部分があった。

☆楽しかったこと　苦労したこと

○録音中に、飼っている犬が何度か吠えてしまう時があった。

☆この課題を終えて

「夏休みが終わらない島」の朗読の時には、その島の様子を想像しながら読むことができた。読むにつれて、最初の印象に増して この若者に共感した。

②　音読の効果の再発見

普段は黙読の機会の方が多いので、これを機に音読の持つ効果を改めて発見する生徒も多かった。

・練習すればするほど、登場人物の気持ちが理解できてきたり、その場面場面がぱっと頭に浮かんできたりしておもしろかった。
・何回も練習してたいへんだったけれど、文章の意味が声をだして読んでいるとわかってくるのでよかった。
・「夏休みが終わらない島」の朗読の時には、その島の様子を想像しながら読むことができた。読むにつれて最初の印象に増してこの若者に共感した。
・この短い物語は何となく読んでしまうとすぐ終わってしまうけれど、このように朗読台本まで作って読んでみると、一つ一つの言葉の表現にとってもおもしろい意味がふくまれているんだなということがよくわかりました。読めば読むほどだんだん工夫するところが多くなって、時間をたくさんかけて練習できてよかったです。

黙読のときは一つ一つの言葉に注目せず読み流していることが多いが、声に出して読むことによって、また、何回も練習することによって、使われている言葉に注目していく様子がうかがえる。初め読んだときに気がつかなかったことも、声に出すことによって気がついたりするという、音読の効果を発見しているといえよう。

③　朗読の工夫を楽しむ

読み方を変えると物語の感じがが変わることのおもしろさを発見した生徒も多かった。

・速く読んだり遅く読んだりで、全然感じが違うのでおもしろい。
・読み方ひとつによって、その文章が少しでも変わっていくとわかった。

・同じ文章でも、ちょっと読み方を変えると、雰囲気が違ってくるところが楽しかった。また、句読点が少ない文は、区切るところがむずかしかった。
・気づいたことは、朗読台本を作るか作らないかではだいぶ違うということです。朗読台本を作って読んでみると、ものすごく感じが出てきます。

④ 朗読と内容理解の関連に気づく

この段階では、朗読が内容理解に結びつくことに気づいた感想はあまり多くなかった。これに関する感想は互いのテープを交換して聴いたときのほうが多い。

・文章の内容を理解しなければ、人に伝える読み方ではできないと思った。
・自分で速さ、強弱などをつけるのは思ったよりつらいことで、作者が何を伝えたいのか分からないとマークをつけるのが無理で、とても苦労しました。
・苦労したことは、何よりも「二分をこえる」という厚い壁だったと思います。どれだけその話を大切に読むかによって、読む人にとっても聴く人にとってもその話が楽しい話かつまらないかが決まってしまうからです。じっくり、ゆっくり、伝えたい言葉を大切に読みました。

⑤ 言葉そのものや言語生活への発展

・この学習で正しい日本語の美しさを改めて感じました。苦労したけれど、できあがったときの充実感を得た気がします。

・これからも人と会話をしたりするときに、言葉を一つ一つ大切にしたいです。
・自分ではゆっくりすぎるのではという気持ちで読んでいたけれど、あとでテープを聞いてみると意外と聴きやすい速さだなと思いました。ふだん何かを相手に説明するときなども、ややゆっくりめの方が相手に伝わりやすいのではと思いました。
・ゆっくりきれいに話すということは、聞いていてとても気持ちのいいことだから、友達としゃべるときはともかくとして、他の時に使いたいです。

はじめの二つの感想に表れているように、この学習で言葉そのものに注意を払うようになった生徒もいる。またあとの二つの感想から分かるように、話し手から聞き手への立場に立ち、聞きやすさということに関心をもつ感想もみられた。朗読テープを作る学習からさらに発展的に学習をした例といえよう。

(2)　テープを交換しての相互評価について

ゆとりをもって計画的に借りる生徒は一〇本～一三本聴くことができた。中には、クラス全員のを聴きたいと意欲的に二〇本以上聴く生徒もいた。「○○さんのは上手だ。」「○○君のは音楽が入っていておもしろい。」といった評判が伝わると、貸し出しの希望が集中する。期間中は同じ学級内での貸し出しに限ったが、その後も継続して借りにきたり、他のクラスの生徒についても聴かせてほしいと借りていく生徒が見られた。

生徒がこの学習からどのようなことを学んだかを、感想の中からまとめていく。

①　読み方の違いの発見

同じ作品でも人によって読み方が違い、それにより、同じ物語でも違って受けとめられるということに、新鮮な驚きを感じる生徒が多かった。

・同じ話でも読む人それぞれによって全く違う感じに聞こえるので、それも楽しかった。
・同じ文章を読んでも、人それぞれで強調したいところや間の取り方が違うので、きっと感じたことも違うんだと思った。
・声の大きさ、感情のこめ方によって、ずいぶん変わるものだと思った。
・同じ文章でもいろんな読み方、表し方があるんだということがわかった。
・人の朗読を聴くことによって、その人がどんなことに気をつけて読んでいるのか、物語に対してどんな気持ちなのかわかる。自分とどう読み方が違うのかとかも発見できた。
・人それぞれの読み方で、工夫の仕方によって、同じ物語でもいろいろな感じで聴き取れた。
・同じ文章、同じ箇所でも、いろいろな表現の仕方があること、要するに文章の広がりを感じた。
・同じ話でも四十通りの読み方がある。ひとりひとりに個性があるということがわかった。
・少し工夫するだけで、全体がかわることが分かりました。

これらは、朗読を聴くことより、人によって物語のとらえ方に違いがあることに気づいた感想である。理解と表現の結びつきを体験を通して理解したといえる。

② 相互交流

この学習では相互交流もねらいとしていたが、感想では、このことについて書いている生徒が最も多かった。

・たくさんのカセットを聞きましたが、本当に読むのがうまい人はいろいろな読み方を知っていて、読み方が豊かでした。私ももっとうまい人の読み方を聞いてうまくなりたいです。
・自分と比較してみると、音の強弱、速く読むのと遅く読むのの違いなどがわかり、これからの朗読に大いに役立ちそうだった。

・人のを聞くっていうのは、やっぱり自分の音読方法の参考になると思う。同じ文章でも、自分とは違うところがはっきりわかった。私は練習不足だったように思った。そのことがよくわかった。
・間のとり方や声の大きさ、スピードの加減が、みんなのを聞いてわかった。
・自分が工夫したところ、考えたところ、思ったところと違ったところをみんなが工夫していて、自分が考えたところ以外の工夫の仕方がわかった。
・いろんな読み方を知ることで、どういうふうに読んだら聞きやすいかがよくわかりました。

③　言葉への新たな発見

朗読テープを作成したときも、言葉の大切さに気づいた生徒がいたが、聴く側に立って改めてこれを感じた生徒もいた。

・こんなに短い物語でも、ただなんとなく読むのと何回も練習して読むのとでは全然違うと思います。その一つ一つの言葉に気持ちがこもっているのが他の人のを聴いてよく分かりました。

5　実践の成果と今後の課題

単元のねらい1の、「音読することの楽しさを味わうことができる。」に関しては、一年次の「声を出そう」で重点的に扱ったが、授業の始めに声を出すこと、そして全員で声を合わせることを楽しんでいる様子がうかがえた。また、朗読発表会へと発展させることも、音読を楽しむために効果的であった。

単元のねらい2の、「音読により、日本語の響きの美しさを感じ取ることができる。」に関しては、定型詩の暗唱を多く取り入れることを試みた。古典作品で日本語の響きのよさやリズムを味わうことができるのはもちろんであるが、現代詩にもそれに適したものがたくさんある。しかし、教科書教材の詩は、どうしても理解学習に重点が置かれがちである。それが、この「声を出そう」によって、リズムや響きのよい詩に多く触れさせることができたように思う。今後の課題は、声に出して読むのにふさわしい教材の開発と、教科書教材との関連をどのように図るかにあると思う。無理のない形でこの学習を継続させ、生徒に音読を楽しませながら日本語の美しさを感じ取らせていきたい。

単元のねらい3の「文章の内容にあった読みを工夫することができる。」については、朗読テープをつくることが生徒にとって初めての経験であり、また、友達のテープを聴くというおもしろさもあり、興味・関心をもって学習に取り組ませることができた。読み手と聞き手の両方の立場に立つことにより、朗読の工夫や内容理解との関連について、多くのことを学びとらせることができた。夏休みから二学期にかけての学習であったが、これをもとに、今後の理解学習の中にも、朗読を効果的に取り入れる学習を組み入れていく必要がある。その際、この学習における各自の成果をより確かなものにするよう、学習相互の関連を図ることが大切だと思われる。

これらの指導をもとに、音読・朗読に関しての年間計画を立てていくことも今後の課題としたい。

跋文

学びの成り立つ場

東京学芸大学名誉教授　宮腰　賢

石川直美さんの実践記録を読む楽しさは、生徒諸君の生き生きと学ぶ姿の見えることである。本書に収められた九つの実践のどれをとっても、何人もの生徒が目の前に立ち現れてくる。Ⅰの二「敬語について考えよう」で座談会形式の台本を書いた生徒、Ⅰの三「わたしの言葉の学習」でテーマを二回変更したY子、Ⅱの二「若者言葉も正しい日本語である」のディベートに、若者言葉で否定側の反論スピーチをした生徒、Ⅱの三「日本語は今……日本語の現状を探る」の班の発表を終えての感想を記した生徒C、Ⅱの四「私の日本語発見」で「日本語新発見——Ⅰ・You に相当する語」をまとめた女子生徒、Ⅲ「インタビュー」でインタビュアーとしての体験のあとの感想を記した生徒……。

Ⅰの二の座談会形式の番組台本「敬語　その美しさを考える」など、中学二年生がこんなにも見事な作品を仕上げるのかと驚嘆させられるのだが、それにもまして、Ⅰの三「わたしの言葉の学習」に紹介されているY子がすばらしい。

テーマを自ら発見し、一年間かけて、その課題を追究する力を育てるという学習。M子のようにことばに関心があって、テーマがすぐに見つかり、順調に調べ学習を進めるという生徒もいるにはちがいないが、Y子のような生徒のほうが断然多い。こうした生徒がテーマに辿りつき、M子などと同じような調べ学習の成果を得る。到達点は同じであろうが、この学習の過程で身についたものはY子のほうがずっと大きい。

どうしてこんなことができるのか。段階ごとの到達目標を明確に示し、教室という場を生かして個々の学習の成果を学級の全員に戻し、「見守って待つ」という石川さんの指導の成果ではないか。

言語事項の学習というと、音声についての整理とか、小学校の学年別漢字配当表の一〇〇六字の漢字を書きこなし常用漢字表におさめられた残りの漢字のおおよそが読めるようにすることとか、新たに出会う語句を身につけるとか、単語の類別ができるようにすることとか——、要するに、言語要素の習得についての学習の採り上げられることが多い。こうした学習を石川さんが軽んじているのではない。こうした学習を徹底すれば一定の成果は得られるが、「国語」の苦手な生徒の成績はそれほど伸びない。ことばへの関心が薄く、興味を示さない。「国語」の学習が日常の生活には生かされない。

こうした現状をなんとかしようとするのが、石川さんの実践研究である。ことばに関心をもたせ、「国語を尊重する態度」を育てようとするのだ。とかくお題目になりがちな教育目標だが、石川さんは真正面からこの目標に向かって実践している。その成果は、本書に見るとおりである。言語要素の習得を含み込んで、生徒は確かな「日本語の力」を身につけている。

石川直美さんは東京学芸大学で学んだ。学部から修士課程に進み、鈴木眞喜男教授のもとで修士論文「かなづかい意識の変遷」を書き上げた。昭和五十二年のことである。労作であった。

学部時代に私の担当の「国語学演習」で三条西実隆筆『和泉式部日記』の影印本に接し、そのかなづかいが「歴史的かなづかい」とは異なることを知る。定家かなづかいとか西鶴かなづかいとかのことばはその折に聴いた。自分の目でかなづかいの実態を確かめてみたいと思う。卒業論文を書き終えて、修士課程に進んだ。

鈴木眞喜男教授は書誌にやかましい方である。定家かなづかいの基本とされる行阿の『仮名文字遣』によるにしても、十種十九冊の諸本にあたることを求められた。綿密な校合を終える。これで定家かなづかいなるものを確かめ、『仮名文字遣』以降のかなづかいの実態調査に踏み込む。『女今川』『女重宝記』など、女子用往来ものの頭書にはかなづかいの規範についてまとめた部分がある。この部分の調査を終える。さらに、文学作品のかなづかいの実態については、三条西実隆筆『和泉式部日記』のあと、「小倉百人一首」を取り上げ、刊本八種のかなづかいの実態を調べあげる。……

石川直美さんの修士論文「かなづかい意識の変遷」はこうして書き上げられた。

修士課程を終えた年の四月、石川さんは東京学芸大学教育学部附属大泉中学校に奉職した。その日からほぼ三十年。修士論文をうけての「かなづかい意識」に関する論文は書かれていない。附属にあって、教育実践に、実習生指導に専念してきた。この文章を書くにあたって、修士論文について伺った折、石川さんは「昔のことで……」とおっしゃった。東京学芸大学大学院教育学研究科国語教育専攻（国語学講座）に学んだ日々が遠くにあるような口吻であった。

本書に見る石川さんの「ことば通信」、プリント資料などをはじめ、指導の過程など、ことばに立ち向かう姿勢は当時のままではないか。東京学芸大学の初代学長木下一雄先生は、「研究者の資質を備えた者でなければ教壇に立ってはいけないのです」と言われた。木下先生の夢を実現している卒業生のひとりが石川直美さんなのだ。

末筆ながら、石川さんのすぐれた実践研究が多くの人の目にふれる機会をお与えくださった浜本純逸氏に心から御礼申し上げたい。非力で「後輩」のため、何一つしてあげられない私に、跋文を書くことをお勧めくださった。ありがたいことである。つたない文章で石川さんの著書を汚すことになるのではないかと懸念しながら、浜本氏のご厚情に甘えた。

本書が多くの方の手にとられ、教室が生きた学びの場となることを願ってやまない。

あとがき

これまでの実践を振り返ってみると、生徒のエネルギーに押されながらさまざまなことに取り組んできた気がします。それは、生徒にも私にも、当初の予想を超えてたくさんの収穫をもたらしてくれました。もちろん、その一方で、反省すべきことや課題のたくさん生まれた実践も多くあります。いずれにしても、それぞれの実践の過程で、生徒からたくさんのことを学ばせてもらいました。

数年前から、日本語に関する書物がたくさん出版されています。誤った表現や間違えやすい言葉などが、読者に親しみやすく書かれたものも多いようです。生徒も興味を持って読むようで、「面白い本です。」と紹介してくれます。最近では、敬語の分類方法をめぐって検討がなされており、敬語に関する新聞の切り抜きを持って来る生徒もいます。

生徒を取り巻く言語環境は、さまざまに変化しています。次々に新しい表現が流行し、そして、消えていきます。まさに、「日本語は生きている」といえます。その生きた日本語を、国語教室の中でどう扱っていくか。「国語を尊重する態度を育てる」ために、どのような取り組みがなされるべきか。これからも時代に合わせた新しい試みをしていきたいと考えています。

私の拙い実践をこのような形でまとめる機会をくださった浜本純逸先生に、心より感謝申し上げます。浜本先生には、本にまとまるまで温かく励ましていただいた上、序文を書いていただきました。また、宮腰賢先生には、跋文を書いていただきました。宮腰先生には、生徒の活動の発展のさせ方をはじめ、ご指導いただいたことがたくさんあります。心より御礼申し上げます。

私の勤務校にいらした増田信一先生には、実践の方法から報告のまとめ方まで、丁寧に教えていただきました。また、ここにお名前を書ききれませんが、東京学芸大学の国語教育の先生方、附属学校の先生方、それぞれをすでに退職された先生方、そして、勤務校の国語科の先生方にも、たくさんのお教えをいただきました。この場をお借りして、皆様に厚く御礼申し上げます。

最後になりましたが、出版にあたり、いろいろとご配慮いただいた溪水社の木村逸司氏に心より感謝申し上げます。

初出一覧

Ⅰ

一　「言葉について考えよう」――中学二年生における表現単元の指導――
東京学芸大学附属大泉中学校研究集録24　八四・二

二　敬語について考えよう――「言語事項」への取り組み（二年生）
東京学芸大学附属大泉中学校研究集録32　九二・三

三　「わたしの言葉の学習」――中学二年生の試み――
東京学芸大学教育学部附属大泉中学校研究集録39　九九・三

Ⅱ

一　「言語事項」への取り組み（中学二年生）――言葉を見つめよう――
東京学芸大学附属大泉中学校研究集録26　八六・二

二　「言葉の問題に関する論題でのディベート――国語の授業との関連で　若者言葉も正しい日本語である」
『国際化時代の教育シリーズ　世界と対話する子どもたち――国際理解教育とディベート――』
監修　佐藤郡衛　編著　成田喜一郎・堀内順治　創友社　九六・九・一〇

三　「日本語は今……――日本語の現状を探る――」中学二年生のとらえた日本語の現状
東京学芸大学教育学部附属大泉中学校研究集録38　九八・三

四　日本語について考えよう――「言語事項」の取り組み（三年生）
東京学芸大学附属大泉中学校研究集録25　八五・二

Ⅲ　インタビュー――「聞く力」をつける学習指導の試み――
東京学芸大学教育学部附属大泉中学校研究集録41　二〇〇一・三

Ⅳ　音読・朗読を楽しむ生徒を育てる
東京学芸大学教育学部附属大泉中学校研究集録37　九七・三

著 者

石川　直美（いしかわ　なおみ）

1952年　東京都に生まれる。
1975年　東京学芸大学中等教育教員養成課程（国語専攻）卒業
1977年　東京学芸大学大学院（国語教育専攻）修了　東京学芸大学附属大泉中学校に勤務
現在に至る

『音声言語指導のアイデア集成4　中学校』（高橋俊三　編著　明治図書）『学びを創る国語教室』（東京学芸大学附属学校研究会国語部　編著　宮腰賢・鈴木二千六　監修　三省堂）『中学校国語科教育 CD-ROM 授業実践資料集』（監修　北川茂治　編集代表　相澤秀夫　ニチブン）などに実践報告や実践案を載せる。

東京学芸大学国語教育学会　全国大学国語教育学会　会員

言葉を考える―中学生の日本語探索―

平成19年4月10日　発　行

著　者　石　川　直　美
発行所　株式会社　溪　水　社
広島市中区小町1－4（〒730-0041）
TEL（082）246－7909
FAX（082）246－7876
E-mail:info@keisui.co.jp

ISBN978－4－87440－958－9　C3081